직관하면 보인다

2015년 5월 27일 초판 1쇄 발행
2015년 6월 19일 초판 5쇄 발행

지은이 · 신기율
그림 · 전동화

펴낸이 · 이성만
책임편집 · 최세현 | 컨텐츠디렉터 · 서유상
마케팅 · 권금숙, 김석원, 김명래, 최민화, 조히라, 강신우
경영지원 · 김상현, 이윤하, 김현우
펴낸곳 · (주)쌤앤파커스 | 출판신고 · 2006년 9월 25일 제406-2012-000063호
주소 · 경기도 파주시 회동길 174 파주출판도시
전화 · 031-960-4800 | 팩스 · 031-960-4805 | 이메일 · info@smpk.kr

© 신기율 (저작권자와 맺은 특약에 따라 검인을 생략합니다)
ISBN 978-89-6570-255-9 (03320)

쌤앤파커스(Sam&Parkers)는 독자 여러분의 책에 관한 아이디어와 원고 투고를 설레는 마음으로 기다리고 있습니다.
책으로 엮기를 원하는 아이디어가 있으신 분은 이메일 book@smpk.kr로 간단한 개요와 취지, 연락처 등을 보내주세요.
머뭇거리지 말고 문을 두드리세요. 같이 열립니다.

직관하면 보인다

직관하라,
보이지 않는 세계가 열린다

신기율 지음 | 전동화 그림

쌤앤파커스

차례

인생에 불이 켜지는 순간

우리는 모두
직관의 빛으로 반짝이고 있다.
깊은 어둠이 와도
꺼지지 않는 달빛처럼
그 빛은 우리의 길을 비춰줄 것이다.

아이가 막 태어났을 때였다. 모유수유를 시작한 지 3일 만에 아이에게 황달이 찾아왔다. 처음에는 얼굴만 노랗게 변하더니 점점 목으로 몸으로 번져갔다. 병원에서는 간단한 피검사를 하고 황달수치가 높다며 조만간 입원할 것을 당부했다. 걱정하는 마음으로 찾아본 인터넷의 정보들은 더 끔찍했다. 방치하면 온몸이 마비돼서 죽음에 이를 수도 있다는 경고들로 가득했다. 몸이 힘든 아이는 깊이 잠들지 못하고 하루 종일 뒤척이며 울었고 몸은 점점 노랗게 말라가고 있었다.

자연주의 출산으로 하루 만에 집에 온 아내는 걷기도 힘든 몸으로 아이를 안고 집 안을 돌며 달래고 젖을 줬다. 그리고 제대로 뜨지도 못하는 아이와 눈을 마주치며 볼을 비비고 속삭이며 대화를 했다. 하지만 시간이 지날수록 아내와 아이는 점점 더 위험해 보였다. 아이를 병원에 입원시키고 당신도 쉬어야 되지 않겠느냐는 나에게, 아내는 조금만 더 시간을 가져보자고 했다.

"나도 아이도 아직 어떻게 젖을 먹이고 먹어야 하는지 잘 모르는 것 같아. 배가 고파서 아픈 걸 수도 있잖아. 곧 적응하게 될 거야. 우리 서로를 믿고 조금만 더 기다려보자."

나는 그런 아내의 마음과 아이의 살려는 의지를 믿기로 했다. 아내는 요령부족으로 젖꼭지가 헐고 상처가 나도 아랑곳하지 않고 계속 젖을 물렸고, 아이는 잘 나오지 않는 젖을 먹기 위해 온 힘을 다해 작은 입을 오물거렸다. 누구도 편히 잘 수 없었던 일주일간의 사투가 끝나갈 무렵, 아이는 점점 하얗고 뽀얀 얼굴을 찾아갔고 황금색 똥을 싸기 시작했다. 그리고 아내는 어느덧 아픈 손목과 부은 다리를 가진 상처투성이의 엄마가 되어 있었다.

가끔 나는 세상의 모든 엄마들이 경이로울 때가 있다. 아기의 울음에 담긴 수많은 감정의 신호들을 읽어내기 때문이다. 아이는 화가 날 때도, 놀랄 때도, 배가 고플 때도, 졸릴 때도 그저 울기만 한다. 겉만

봐서는 도대체 왜 우는지 알 수가 없다. 하지만 엄마는 말없이 다가가 아이를 품에 안는다. 젖을 주기도 하고, 기저귀를 갈아주고 눈을 맞추며 토닥이기도 한다. 본능적으로 아이가 무엇을 원하는지, 어디가 불편한지 알아채는 것이다. 아이의 마음에 귀를 기울이고, 체온으로 사랑을 전한다. 그 순간, 두 존재는 조용히 소통하기 시작한다. 거기에 언어는 그다지 필요하지 않다. 말 한마디 없이도, 두 사람은 서로를 충분히 이해하고 있으니까.

그러나 눈빛 하나만으로도 엄마와 교감하던 아이들은 커가면서 누군가와 소통한다는 것이 생각보다 쉽지 않다는 것을 알게 된다. 아는 단어가 많아져서 표현할 수 있는 어휘가 늘어날수록 대화는 길어지고 다양해지지만, 정작 마음은 복잡한 언어의 미로에 갇혀 가야 할 길을 잃게 된다. 나름대로 나를 '표현'하긴 하지만 받아들이는 사람에 따라 전혀 다르게 해석되기도 한다. 그럴수록 누군가를 온전히 이해한다는 것, 그리고 이해받는다는 것은 점점 요원한 일이 되기 마련이다. 결국 나이가 들수록 우리는 마음에서 마음으로 가는 길이 얼마나 먼가를 인정하게 된다.

요즘은 하루에도 몇 번씩 지인들이 블로그나 페이스북에 올리는 일상들이 내 삶을 노크한다. 가만히 앉아서도 그가 요즘 갔던 곳, 만났던 사람, 읽었던 책, 오늘 저녁으로 뭘 먹었는지까지 알 수 있다. 정보의 네트워크를 통해 수많은 이들이 마치 옆집에 사는 것처럼 가깝게 느껴진다.

그러나 어찌 보면 그것은 서로가 밀접해진 게 아니라 거리감을 잃은 채 뒤엉킨 것일 수도 있다. 마치 온갖 물건들로 어질러진 방처럼 말이다. 물건들이 넘치지만 꼭 필요한 것을 찾기는 힘든 상황이 된 것이다. 상대방에 대한 정보가 많아질수록, 꼭 봐야 하는 것을 놓치게 만드는 아이러니. 그래서 우리는 서로에게 더 많이 연결될수록 더 강한 외로움과 소외감에 시달린다. 정말 힘겨울 때 스마트폰을 켜보지만, 연락처에 저장된 그 무수한 사람들 중 누구에게도 전화하지 못했던 경험은 누구에게나 있다.

한때 정보와 지식이 곧 힘이자 권력이던 시절이 있었지만 지금은 누구나 다양한 경로를 통해 정보에 접근하고 지식을 익힐 수 있게 되었다. 그리고 그 때문에 정보가 가졌던 막강한 권력이 퇴색해가고 있다. 사람들이 저마다 비슷한 양의 지식을 가지고 있기 때문이다.

2009년, 그것을 보여준 한 가지 실험이 있었다. 국내 한 증권포털 사이트에서 다섯 살 앵무새와 13명의 개인투자자가 주식투자 대결을 펼쳤다. 앵무새에게는 기업의 이름이 적힌 장난감을 고르게 했다. 그리고 주식투자의 고수들은 아무런 제한 없이 자신의 모든 정보와 지식을 총동원해 대결을 했다. 한 달 뒤, 결과는 어떻게 됐을까. 앵무새는 13%의 수익을 올렸지만 개인투자자들은 평균 -2.7%에 그쳤다. 완패에 가까운 결과였다.

이런 실험은 미국에서도 했던 적이 있다. 2000년 뉴욕에서 원숭이와 전문 펀드매니저, 개인투자자가 대결하는 주식투자 대회가 열렸다. 원숭이는 다트에 던져 맞춘 종목에 투자했고, 개인투자자와 펀드매니저는 직접 종목을 선정하는 방식이었다. 1년이라는 비교적 긴 시간을 설정했지만 결과는 역시 충격적이었다. 원숭이는 -2.7%, 펀드매니저는 -13.4%, 개인투자자는 -28%의 손해를 본 것이다. 손해를 보기는 했지만, 이번에도 원숭이의 압승이었다.

지식과 경험이 필요한 주식시장에서 인간이 앵무새와 원숭이에게 완패했다는 것은 어떤 의미일까? 우리의 지적 선택이 때로는 동물에 의한 '우연의 선택'보다 못하다는 것일까? 만약 앵무새와 사람 둘 밖에 없는 시장에서 투자대회를 열었다면 앵무새는 사람을 이길 수 없었을 것이다. 그러나 수많은 이들이 비슷한 정보를 가지고 이해관계가 얽혀 있는 복잡한 상황에서는 가장 합리적인 선택들도 무용지물이 될 수 있다.

더구나 과학의 성장이 불러온 세계화는 우리 모두를 단단한 운명의 끈으로 묶어버렸다. 한 배에 타고 있을 때 조그만 구멍이라도 나면 승객 전체가 위험해지는 것처럼 이제 우리는 아프리카의 에볼라 바이러스에도 불안을 느껴야 한다. 바다 건너 미국이나 유럽의 경제 위기도 한순간에 나를 위협할 수 있고, 일본에서 지진이 나면 방사능 유출부터 걱정해야 하는 시대가 됐다. 사회의 밀도가 높아지고 그물망이 촘촘해질수록 함께 상처받고 고통받을 수 있는 가능성도 점점 높아지는 것이다. 최신 정보와 과학적 추론만 믿고 있기에는 이미 세상의 변수가 너무 다양해졌고 복잡해져버렸다. 우리는 모두 각자의 지식과 정보 내에서 '최선의 선택'을 하며 살아간다. 그러나 살다 보면 '합리적 선택'이라는 것이 무의미해지는 순간을 늘 만나게 된다. 그래서 우리는 언제나 불안과 함께 살아갈 수밖에 없다. 나 자신은 물론이고 타인과도 소통하지 못할뿐더러, 내 의지와는 상관없이 흘러가는 세상에서 '최선'이란 때때로 얼마나 무력한가.

그러나 우리에게는 또 다른 카드가 있다. 이 시대의 절대적인 기준으로 자리 잡은 견고한 이성의 경계를 조금만 넘을 수 있다면, 그 너머에 있는 세상의 이면을 보려는 마음이 있다면 어떨까? 그 순간, 우리는 정보의 약점을 보완할 또 다른 카드를 쥐게 된다. 그것이 바로 '직관'이다. 직관은 '과정'이라는 말 속에 들어 있는 수많은 필터들을 거치지 않고, '직접 닿는' 것이다. 엄마가 힘들어하는 아이에게 다가가 가슴으로 껴안고 아이의 마음을 들어주듯이, 우회하지 않고 직진하는 것이다.

자연의 생명들은 대부분 복잡한 언어가 없어도 서로를 알아보고 소통한다. 동물과 곤충들은 땅과 바람의 소리를 느끼며 위험을 피하고 물을 찾아다닌다. 나무와 꽃들은 계절을 만나면 어김없이 싹을 틔우고 열매를 맺는다. 모두가 직접 서로를 느끼고 있기 때문이다. 이들처럼 자연의 변화를 감지하고 대응할 수 있는 능력은 자연의 일부인 인간에게도 있었다. 하지만 자연과의 소통능력은 인간이 언어를 습득하고 스스로 만든 세계에 길들여지면서 퇴화해버렸다. 그리고 지금은 그런 감각을 갖고 있었다는 사실조차 까맣게 잊어버리게 됐다.

하지만 만약 그런 감각을 다시 깨울 수 있다면, 그래서 잊혀진 직관의 힘을 다시 살릴 수 있다면, 우리는 말하지 못한 것들로 가득 찬 나와 타인, 그리고 세상의 숨겨진 소리를 들을 수 있을 것이다. 층층이 쌓여 있는 인과의 과정을 넘어 단번에 그 진실한 모습을 보게 될 것이다. 그럴 때 우리는 누군가의 마음 깊숙한 곳까지 다가갈 수 있다. 그것이 바로 직관의 진정한 힘이다.

무엇을 해야 하고 어디로 가야 할지 방향을 잃었던 시절에, 나는 내 인생에서 가장 소중한 이들을 만났다. 지금의 아내와 그녀의 어머니다. 그녀들은 평범한 일상 속에서도 자연과 공명하며 깨어 있는 직관으로 살고자 노력하는 이들이다. 복잡한 도시에서 그들과의 동거가 시작되면서 나 역시 그들의 고요한 삶에 동참해야 했다. 그 적응이 쉽지는 않았지만 자연의 언어를 알아가는 것 자체가 이미 따뜻한 위안이고 성장이었다.

　우리는 각자의 몸속에 직관이라는 빛을 품고 있다. 그리고 그 빛은 인생이라는 어두운 망망대해를 건너는 등불이 된다. 그 불은 내 삶을 비추어주는 불빛이 되고 어둠 속을 헤매는 다른 누군가에게도 빛이 되어줄 수 있다. 불을 켜면 우리는 더 이상 어둠 속에서 서로 부딪치거나 상처주지 않아도 된다. 각자의 길을 가지만 외롭지 않을 수도 있다. 이 책이 나처럼 어두운 길을 가야 했던 모든 이에게 달빛처럼 은은한 빛이 되어주기를 기도한다.

Part 1.

나를 밝히는 내면의 빛,
직관의 스위치를 켜다

모든 존재와 공명할 수 있는 힘

세상의 모든 존재는
자신만의 리듬으로 떨리고 있다.
눈으로 관찰하지 않고 머리로 판단하지 않을 때
그 떨림은 경계를 넘어
나와 함께 울리기 시작한다.

나는 라디오를 좋아한다. 이른 아침 아이를 유치원에 데려다주는 차 안에서도, 낯선 곳에서 잠시 한가롭게 여유로움을 즐길 때도 자주 라디오를 켜곤 한다. 볼륨은 잔잔하게 맞춰놓고 음악을 듣거나 진행자의 농담에 같이 따라 웃기도 한다. 라디오로 전해지는 그것은 슬픔도, 기쁨도 과하지 않아서 좋다. 채널은 어떤 것이어도 좋다. 눈에 익은 숫자를 찾아 다이얼을 돌리거나 버튼을 누르기만 하면 된다. 라디오는 공중에 떠다니는 무수한 전파 중 내가 선택한 채널과 같은 전파와 반응하기 시작한다. 그러면 보이지 않던 전파는 재미있는 이야기가 되고 노래가 된다.

라디오에서 소리가 나오는 일은 너무나 익숙한 일상이지만 생각할수록 놀라운 일이기도 하다. 라디오처럼 자신이 가진 주파수로 다른 곳에 있는 동일한 주파수와 반응하는 현상을 과학에서는 '공명현상'이라고 한다. 서로 주파수가 맞아 공명이 이루어지면, 어떤 라디오든 똑같은 내용을 수신할 수 있게 된다. 눈에 보이지 않는 주파수라는 떨림이 소통의 매개가 되는 것이다. 이런 공명의 원리는 단지 라디오에만 국한되는 것이 아니다.

물리학은 세상만물이 스스로 진동하고 있다고 말한다. 창밖의 나무, 그 밑의 바위, 바위 위를 기어가는 개미도 자기만의 리듬으로 떨고 있다는 것이다. 이런 떨림은 진동하는 에너지의 파장으로 설명할 수도 있다. 이는 세상의 모든 존재들이 마치 라디오 방송국처럼 자신만의 고유한 주파수를 갖고 있다는 말이기도 하다.

보이지도 들리지도 않지만, 이 세상은 수많은 파동들로 가득 차 있다. 그런데 만약, 우리가 라디오처럼 그 신호들 중 일부를 감지하고 해석할 수 있다면 어떻게 될까?

아이가 아주 갓난아기일 때의 일이다. 어느 날, 입으로 거품을 만들더니 갑자기 '푸푸' 소리를 내기 시작했다. 그런가 보다 하고 있는데 선생님이 지나치듯 한마디 하셨다.

"아무래도 내일 비가 오려나 보네."

선생님이 하시는 말씀이니(이 선생님이 누구신지는 2부에서 설명하겠다.) 귀담아 듣긴 했지만 솔직히 반신반의했다. '푸푸' 소리와 비가 도대체 무슨 관계람. 그런데 다음 날, 거짓말처럼 비가 왔다. 그것도 한두 번이 아니었다. 세 살 무렵까지 '푸푸 일기예보'는 이어졌고, 그때마다 기상청을 능가하는 높은 적중률을 보였다.

그런데 이것은 내 아이만 가진 특별한 능력이 아니었다. 인터넷을 검색해보니 비슷한 경험담들이 꽤 많이 올라와 있었다. 대부분 생후 몇 달 안에 나타나고, 말을 본격적으로 배우는 두세 살 무렵에 사라졌다.

나는 그런 아이의 모습을 보면서 많은 생각을 했다. 자연의 원형에 가장 가까운 갓난아기일 때, 아이의 몸은 자연의 신호에 예민하게 반응하는 게 아닐까. 보이지는 않지만 공기 중에 퍼져 있는 물의 떨림과 본능적으로 공명하는 것일지도 모른다. 생명진화의 꼭대기에 어류가 있었고, 우리가 양수 속에서 생의 첫 시절을 보내야 하는 것은, 우리의 본능 속에 물의 변화를 느끼는 감각이 존재할 수 있음을 짐작하게 해준다.

만약 진화의 흔적대로 우리가 거쳐야 했던 환경들을 지금도 느끼고 이해할 수 있다면, 지금쯤 우리는 물고기가 하는 말과 원숭이의 언어들을 알아들을 수 있을지도 모른다. 그러나 아쉽게도 그런 자연의 소리와 공명할 수 있는 본능의 채널은 어느새 사라져버린 것 같다. '말'이라는 인간의 언어를 배우고 인간이 만들어낸 수많은 신호들에 길들여지면서 자연과 소통해야 할 필요성이 점점 사라졌기 때문이다. 하지만 때로는 이것이 자연으로부터 우리 스스로를 '왕따'시키는 결과를 초래하기도 한다.

자연은 커다란 자연재해가 일어나기 전에 반드시 그 신호를 보낸다. 모든 생명에게 '평등하게' 경고의 메시지를 날리는 것이다. 실제로 쓰나미가 왔을 때 땅과 바다의 심상치 않은 파동을 느낀 동물들은 모두 산으로 내달렸다. 심지어 벌레와 뱀, 개구리들도 지진의 징조를 느끼고 일찌감치 대이동을 시작했다. 그러나 만물의 영장이라는 인간은 집채만 한 파도가 닥치고 건물이 무너지는 그 순간까지 아무것도 알지 못했다. 자연의 신호는 우리의 오감五感이라는 센서로 해석할 수 있는 주파수의 범위를 벗어났기 때문이다.

하지만 머리로는 해석할 수 없어도, 몸은 그런 파동의 변화를 느끼고 있었을지도 모른다. 감각이 발달한 일부 사람들은 실제로 몸이 떨릴 수도 있고, 이유를 알 수 없는 불안감에 사로잡혔을 수도 있다. 문제는 내가 그런 몸의 신호를 제대로 해석하지 못한다는 점이다. 몸이 쓰나미의 파동을 느꼈다 한들, 이 정체불명의 신호를 인간의 언어로 바꾸는 것은 거의 불가능한 일이 됐다. 최첨단의 시대를 향해 달려갈수록 인간과 자연의 소통은 그렇게 뒷걸음질치고 있다.

사람과 사람끼리의 소통도 사정은 크게 다르지 않다. 우리가 서로를 알아가는 방식 역시 절대적으로 오감에 의존하고 있다. 말하고, 듣고, 눈으로 보고, 서로의 손을 잡아 체온을 느낀다. 이런 관찰의 과정을 통해 정보를 종합하고 상대방을 판단한다. 우리가 상대방과 '소통한다'고 말할 수 있는 것은 보통 여기까지다. 그러나 머리가 해석하지 못할 뿐, 우리의 몸은 사실 그보다 훨씬 더 '원초적인 소통'을 하고 있다. 우리가 알든 모르든 상관없이, 내 심장은 그녀의 심장과, 내 폐는 그녀의 폐와, 내 신장과 그녀의 신장은 실시간으로 함께 떨린다.

우리의 몸은 작은 자연과도 같다. 몸속 장기들은 자연이 그러하듯 각자의 고유진동수를 갖고 있다. 그리고 자신들만의 언어로 쉴 새 없이 소통을 시도한다. 말하자면 우리의 몸은 수많은 주파수를 가진 종합편성채널과 같다. 실시간으로 온 세상에 자신의 신호를 퍼뜨리는 것이다. 그리고 이 파동은 주위 사람들과 끊임없이 '공명'을 일으킨다. 그것이 가능한 이유는 몸은 저마다 달라도 각 장기의 주파수 대역은 같기 때문이다.

어릴 때 한 번쯤 소리굽쇠 놀이를 해본 적이 있을 것이다. 피아노의 '라' 음에 해당하는 소리굽쇠를 놓고 그 옆에 똑같은 음의 소리굽쇠를 둔다. 그리고 한쪽 소리굽쇠를 때리면 그 옆의 소리굽쇠가 같이 울리기 시작한다. 그저 옆에 놓아두기만 했을 뿐인데 '웅' 소리와 함께 떨리기 시작한다. 이것 역시 라디오와 같은 공명현상이다. '라'음은 440hz의 주파수를 가지고 있고, 같은 주파수를 가진 모든 악기들과 공명할 수 있다.

우리의 몸도 마찬가지다. 나의 심장은 버스 옆자리에 앉은 사람과 주파수대가 같다. 때문에 심장과 심장 사이에는 같은 주파수로 실시간 무선통신이 오간다. 내가 떨리면 그도 떨리고, 그가 답답하면 나도 답답해진다. 그렇게 우리의 몸은 주변 사람들의 몸과 끊임없이 소통하고 서로가 서로에게 영향을 주고받고 있다.

예를 들면, 남편의 입덧이나 여성의 집단생리 같은 증상들이다. 아내가 입덧을 하면 함께 입덧을 하는 남편들이 꽤 있다. 단순히 심리적인 증상만 나타나는 것이 아니다. 실제로 속이 메스껍고, 입맛이 없고, 온종일 잠이 오고 나른해진다. 나 역시 아내가 임신했을 때 똑같이 겪었던 일들이다. 여학생들이 며칠 동안 한 방에서 생활할 때, 한 명이 생리를 하면 마치 '감기가 옮듯이' 같은 방 여학생들이 생리를 시작하는 것 역시 같은 맥락이다. 서로의 자궁이 사이좋게 공명해버린 것이다. 이처럼 공명은 멀리 떨어진 소리굽쇠를 울리듯, 육체와 육체 사이의 견고한 벽을 단번에 허물어버린다.

수없이 많은 주파수를 보내고 또 받고 있는 우리의 몸은 실시간으로 서로에게 신호를 보내고 있다. 내가 지금 배가 고프다는 것도, 웃고 있지만 화가 났다는 것도, 울고 싶지만 참고 있다는 것도, 쓰러질 만큼 몸이 힘든데 버티고 있다는 것도, 숨김없이 말하고 있다. 다만, 그것을 놓치지 않고 잡아내는 우리의 센서, 즉 안테나의 성능이 약할 뿐이다. 나무나 벌레의 주파수도 잡아내지 못하는 우리가, 훨씬 복잡하고 다양한 몸의 주파수를 잡아내기란 쉽지 않다.

선생님은 내게 이렇게 말씀하셨다.

"우리 몸속 장기들은 저마다의 소리를 가지고 있지. 누군가를 알고 싶으면 그 몸의 소리에 조용히 귀를 기울여봐."

누군가의 몸과 공명한다는 것은, 이를테면 그의 몸이 연주하는 오케스트라 연주를 듣는 것과 비슷하다. 묵직하게 두근거리는 심장은 저음의 첼로를, 호흡을 조절하는 폐의 리듬은 비올라의 감싸는 화음을 닮아 있다. 각각의 장기는 이렇듯 하나의 악기에 비유될 수 있고 사람마다 그 장기의 악기는 모두 같다. 그러나 연주하는 음악은 모두 다르다. 그리고 언제나 변화한다. 마치 91.9Mhz 라디오에 하루 종일 채널을 고정시켜두면 진행자가 계속 바뀌고 새로운 음악이 나오는 것처럼.

그 음악에 귀를 기울이려면 잠시 내 소리는 작게 줄여놓는 게 좋다. 그리고 눈을 감고 가만히 상대의 볼륨을 높인다. 그러면 조금씩 들리기 시작한다. 조금 전, 선생님께 칭찬을 받은 아이는 '위풍당당 행진곡'을 연주하고 있다. 사랑에 빠진 여대생에게서는 로맨틱한 '사랑의 인사'가 들리고, 면접장으로 향하는 취업준비생의 뒷모습에서 '운명 교향곡'이 배경음악처럼 흘러나온다.

처음에는 그저 이런 음악이 연주되고 있다는 것만 어렴풋이 알 수 있다. 한동안은 그것밖에 할 수 있는 게 없다. 그러나 내 몸속을 휘감아 소용돌이치는 음악을 수없이 듣다 보면 어느 순간, 들린다. 간간이 박자를 놓치는 비올라가 들리고, 주변 악기들과 어울리지 못하고 혼자 튀는 첼로가 들린다. 마치 절대음감을 가진 지휘자처럼 그 미세한 불협화음까지 놓치지 않고 듣는 것이다. 그리고 문제가 무엇인지 안다는 것은 고칠 수 있다는 얘기도 된다.

그런 면에서 자신의 몸이 연주하는 소리를 들을 수 있는 사람은 훌륭한 '마에스트로'와 다름없다. 오케스트라의 취약점을 아는 것은 물론 '아름다운 연주는 바로 이런 것'이라며 자신의 몸을 지휘하기 시작한다. 그러면 상대의 몸은 그 조화로운 소리에 공명하며 자신의 악기를 조율하고, 박자를 맞추며, 또 다른 주변의 소리들과 어우러진다. 본래 우리가 낼 수 있는 가장 자연스러운 소리로 아름다운 오케스트라의 합주가 시작되는 것이다.

우리는 모두 이런 능력을 가지고 있다. 자연은 세상의 모든 존재와 소통할 수 있는 공명을 인간에게도 허락했다. 그 소통의 핵심은 경계를 허물라는 것이다. 자연도, 인간도, 나 자신도, 관찰하지 말고 판단하지 말고 그저 하나가 되어 함께 공감하며 울리라는 것이다.

우리의 몸도 마찬가지다.
나의 심장은 버스 옆자리에 앉은 사람과 주파수대가 같다.
때문에 심장과 심장 사이에는 같은 주파수로 실시간 무선통신이 오간다.
내가 떨리면 그도 떨리고, 그가 답답하면 나도 답답해진다.
그렇게 우리의 몸은 주변 사람들의 몸과 끊임없이 소통하고
서로가 서로에게 영향을 주고받는다.

공감하는 순간 치유는 시작된다

아무런 판단 없이,
길고 긴 대화 없이,
누군가 내 몸과 마음을 이해해준다는 것은
그 자체로 완전한 감동이다.
우리는 그것을 사랑이라 부른다.

얼마 전, 집 근처 대학병원에 갈 일이 있었다. 카페테리아 근처에서 지인
과 얘기를 나누던 중이었는데 옆 테이블에 인턴으로 보이는 젊은 의사
들이 담소를 나누고 있었다. 때마침, 그들의 동료로 보이는 인턴 몇 명이
지나가다 합석하게 되었다. 친해진 지 얼마 안 된 듯 다들 살짝 어색했지
만 전체적으로 화기애애한 분위기였다. 그런데 대화 중에 뭔가 작은 논
쟁이 벌어졌다. 얼핏 듣기엔 투여하는 약물의 정량에 대한 의견이 서로
엇갈린 듯했다. 그러나 가벼운 언쟁이었고 분위기도 전혀 심각하지 않

았다. 잠시 후, 다들 커피를 한 잔씩 손에 든 채 웃으며 헤어졌다.

그 광경을 무심히 보고 있는데 유난히 한 사람이 눈에 띄었다. 그녀는 나중에 합석한 인턴 중 한 명이었다. 합석하기 전까지만 해도 그녀는 빵이 든 비닐봉지를 아래쪽에 들고 있었다. 그런데 헤어질 때는 그 비닐봉지를 거의 가슴께까지 들어 올린 채 걷고 있었다. 표정은 아무렇지도 않은 듯 동료들을 향해 여전히 미소를 머금은 채. 아마 그녀 자신은 물론이고 주변 사람들도 그녀의 어색한 자세변화를 눈치 채지 못했을 것이다.

작은 동물들은 적을 만나면 어깨에 힘을 줘 자신의 몸을 부풀려 보인다. 자신을 크게 보여 적을 위협하기 위해서다. 사람도 다르지 않다. 거친 남자들은 누군가에게 겁을 줄 때 어깨에 힘을 줘 자신의 몸을 부풀린다. 하지만 그런 과장된 몸짓 속에는 상대를 이기지 못할 것에 대한 불안감 또한 깔려 있기 마련이다.

위협은 불안에 대한 방어이기도 하다. 그녀의 몸도 자신의 어깨를 들어 몸을 부풀림으로써 그 상황에 대한 거부의사를 분명히 하고 있었다. 아마도 동료들과의 작은 실랑이에 자신도 모르게 기분이 상했거나, 무시당하는 기분이 들어 본능적인 공격자세가 나왔을 것이다. 말과 표정은 불안과 화를 숨길 수 있지만, 몸은 항상 정직하게 자신을 표현해낸다.

심리학에서는 우리의 몸이 속마음을 대변한다고 말한다. 낯선 사람과 말할 때는 팔짱을 낀 채 얘기한다든지, 관심이 가는 이성 쪽으로 다리를 꼬게 된다든지, 지루한 이야기를 들을 때면 귓불을 만진다든지. 이런 행위들은 대부분의 사람들이 무의식중에 하게 되는 몸의 언어들이다. TV 속의 사설탐정들이 보여주는 독심술은 이런 몸의 언어에 대한 통계가 있었기에 가능한 일이다. 배우들 중에도 몸의 언어를 적절히 써먹는 배우는 호소력 있는 연기파 배우라는 소리를 듣는다.

하지만 때로는 이런 몸의 언어가 그 사람을 대변해주지 못할 때도 있다. 좀 더 깊은 곳의, 좀 더 복잡한 상태의 마음은, 마치 실수투성이의 외국어처럼 스스로도 알아들을 수 없는 언어로 드러나기 때문이다. 우리가 누구에게도 이해받지 못한다고 생각하며 살아야 하는 것은 서로의 마음 깊은 곳을 이을 수 있는 언어를 모르기 때문이다.

얼마 전 신문에서 이런 감춰진 몸의 언어를 알아듣지 못해 일어난 가슴 아픈 사연을 읽었다. 간단히 요약해서 소개하자면 이렇다.

어느 날 열여섯 살 아들이 손톱깎이를 들고 아빠에게 다가와 "아빠, 저 손톱 좀 깎아주세요." 하고 말했다. 그 말을 들은 아빠는 한창 사춘기라 어색해진 아들이 먼저 말을 걸고 살갑게 다가와 줘서 내심 고마웠다. 그렇게 아빠는 아들의 손톱을 깎아주며 오래간만에 가벼운 대화를 했다. 아들과 대화를 나눈 것이 무척 기뻤던 아빠는 앞으로 아들과 더욱 친하게 지내야겠다고 생각했다. 하지만 일주일 뒤 아들은 집에서 목을 맸다. 아버지가 출장을 간 사이에. 알고 보니 아들은 학교폭력에 시달리고 있었다고 한다.

그 어떤 심리학책이 '아이가 손톱을 깎아달라고 하는 것을 자살의 징조로 생각하라.'고 말할 수 있을까. 아이 역시 태어나서 처음 겪어보는 학교폭력에 대해 자신을 방어하거나 도움을 구하는 법을 알지 못했을 것이다. 서로가 마음속 깊이 사랑했지만 전달하지 못한 서투른 말과 표현이 이런 슬픈 결과를 가지고 온 것이다.

우리는 살면서 '보이지 않는 돌부리'에 수없이 걸려 넘어진다. 사업, 돈, 인간관계, 건강 등 생각지도 못했던 인생의 문제들이 불쑥불쑥 나타난다. 때로는 너무 심하게 넘어져 바지가 찢어지거나 무릎이 까져 피가 날 수도 있다. 그 순간, 누군가는 너무 아프고 화가 나서 거친 욕설을 내뱉을 수도 있다. 만약 우리가 그의 돌부리를 볼 수 있다면, 넘어져서 다친 상처를 보며 안쓰러운 마음으로 휴지를 꺼내 피를 닦아줄 수도 있을 것이다. 그러나 그의 돌부리를 볼 수 없다면 우리에게는 그가 내뱉은 마지막 소리, 거친 욕만 들릴 뿐이다.

우리는 대부분 그가 넘어지면서 지르는 소리와 당황하는 모습을 보고 그를 판단하려고 한다. 나 역시 그때 그 인턴을 그렇게 판단했는지 모른다. 겉으로 보이는 몸의 언어나 말을 아는 것은 쉬운 일이다. 겉만 보고 결론지으면 되니까 빠르고 단순하고 명쾌하다. 요즘 같은 인스턴트 시대가 요구하는 방식이기도 하다. 사람들 역시 그런 식으로 판단받는 것에 익숙해져 있다. 때로는 살면서 어렵게 만들어온 소중한 모습을 진솔하게 보여주기보다 배우처럼 타인이 원하는 모습으로 꾸미고 덧칠해버린다. 사람들이 기다려주지 않는다는 것을 알기 때문이다. 판단받기 위해 스스로에게 어울리지 않는 가면을 쓰고, 그 가면에 스스로 잠시 속아 넘어가주는 것이다.

반면 그의 마지막 소리가 아니라 그가 걸려 넘어진 돌부리를 보려고 하는 것은 어려운 일이다. 그의 상황을 충분히 알 만큼의 시간과 정성이 필요하다. 생각보다 복잡하고 힘든 일이다. 하지만 이런 식의 접근은 그가 하는 행동과 말의 근원에 다가갈 수 있는 방법이기도 하다. 그의 말과 표정보다 더 깊은 곳으로 들어가 그를 이해하려는 타인에 대한 공감이 바로 그 돌부리를 보려고 하는 마음이다.

그런 공감의 관점으로 누군가를 바라보면 보이지 않던 것들이 보이기 시작한다. 백화점 점원의 웃음 뒤에 감춰진 고달픔과 불친절한 버스기사의 어깨에 붙은 피곤함이 보이고, 허세 가득한 선배의 닳은 뒷굽에서 불안한 그의 마음이 느껴지기도 한다. 그리고 그것만으로도 그들과의 관계는 전혀 새로운 방향으로 나아갈 수 있다.

이렇듯 냉혹한 판단 없이, 길고 긴 대화 없이, 누군가 내 몸과 마음을 이해해준다는 것은 그 자체로 완전한 감동이다. 공감하는 순간, 따뜻한 진동이 마음에 물결치면서 온몸이 먹먹해진다. 때로는 넘어진 나를 일으키는 힘이 되기도 한다. 어쩌면 그것이야말로 '사랑'의 진면목일지도 모른다.

청년 시절, 등단하지 못한 나는 한恨 많은 문학도였다. 글에 대한 아이디어가 떠오르면 3~4일 정도 거기에만 빠져 있었다. 편집증 환자처럼 밥을 제대로 먹지도, 잠을 자지도 못할 때가 많았다. 그러나 워낙 오랫동안 그렇게 살아왔기 때문에 내게 문제가 있다는 생각은 못했다. 다만 작가가 되려면 당연히 거쳐야 할 과정이라고만 여겼다. 자해 수준의 고통을 오히려 낭만적으로 여기며 은근히 즐기기까지 했다. 온몸이 시들어가고 있다는 것도 모른 채. 그 깊은 수렁에서 날 꺼내준 것은 지금의 아내였다.

"당신 지금 너무 어지러워. 숨쉬기도 힘들고 토할 것 같아. 이렇게 몸이 힘든데 어떻게 좋은 글을 쓸 수 있겠어."

어느 날, 아내는 글이 써지지 않아 괴롭다는 나를 보며 이렇게 말했다. 느낌이 아니라 실제 내 몸의 상태를 그대로 얘기하고 있었던 것이다. 아내의 말을 들으면서 나는 진지하게 나 자신을 돌아보게 됐다. 내가 정말 그런가. 곰곰이 생각하면 할수록 아내의 말이 맞았다.

나는 한번 생각이 떠오르면 한없이 그 끝을 물고 늘어지곤 했다. 적당히 끊고 멈출 줄을 몰랐다. 마치 무거운 추를 매달고 바다 밑바닥까지 잠수하는 것처럼 숨이 턱에 닿도록 스스로를 혹사시켰던 것이다.

다른 친구들 같으면 그런 나를 이상하게 보거나 조금 더 노력해보라고 등을 떠밀었을지도 모른다. 그러나 아내는 말없이 내 마음의 상처를 쓰다듬어주었다. 그리고 내가 얼마나 소중한 사람인지 일깨워주었다. 덕분에 나는 자신을 괴롭히고 혹사시켰던 삶의 패턴에서 벗어날수 있었다. 나를 더 이상 상처 입히지 않고, 굳이 잠수하지 않고, 적당히 헤엄치면서 생각의 바다에서 노닐 수 있는 방법도 터득했다.

중요한 것은 내 몸이 지금 힘들다는 것에 공감하는 것이다. 그 순간 치유는 시작된다. 공감한다는 것은 그토록 중요하다. 그러니 곁에서 그것을 함께 느껴주는 사람, 일깨워주는 사람이 있다는 것은 얼마나 행복한 일인가.

연애 시절, 나는 별 것도 아닌 일에 짜증이 날 때가 많았다. 도대체 이 짜증이 어디서 오는지 알 수가 없었다. '타고난 성미가 그렇구나. 근기가 약해서 이것밖에 안 되는구나.' 하고 스스로를 자학했고, 그러다 보니 우울함까지 추가되었다. 그때마다 아내는 나를 데리고 집으로 가서 음식을 만들어주었다.

"배고파서 그래. 먹고 나면 괜찮아질 거야."

처음에는 믿지 않았다. 평소에 음식에 대해 절제해왔고 먹을거리에 대한 집착도 별로 없다고 생각했기 때문이다.

'나같이 고고한 문학도가 고작 음식에 넘어갈까보냐….'

그러나 나는 허무할 정도로 쉽게 넘어갔다. 밥을 먹자마자 짜증이 스르르 풀리고 모든 근심과 걱정이 없어졌다. 남의 집 소파에서 꾸벅 꾸벅 졸면서 행복해하는 나를 발견했을 때의 당혹감이란.

지금도 나는 가끔 정체 모를 짜증이 나곤 한다. 살림하며 아이를 돌보느라 바쁜 아내는 그런 나를 발견해도 이제는 난처한 표정을 지을 뿐이다. 그렇게 짜증이 샘솟던 어느 날, 기척을 죽이고 앉아 있는 내게 어린 기린이가 다가와 자신의 간식을 건네주었다. 그 조그만 손으로 얼마나 오래 꼭 쥐고 있었는지 포도 한 알에 뜨거운 체온이 가득했다. 아이가 준 포도 한 알을 먹으며 나는 예수님의 '오병이어의 기적'(예수님이 떡 5개와 물고기 2마리로 5,000명을 먹인 기적)이 진실일 수도 있을 거라는 생각이 들었다. 포도 한 알로도 나를 이렇게 배부르게 하고 기쁘게 할 수 있는 힘. 그것이 바로 공감의 힘이었다.

멀리서도 첫사랑을 알아보는 이유

우리의 기억이
촘촘한 그물로 생각의 둥지를 만들듯
인연의 끈들은 서로를 엮어
마음의 집을 만든다.
나를 위로하고 쉬어가게 해주는
소중한 안식처가 된다.

살다 보면, 문득 뒤를 돌아보게 되는 순간이 있다. 마치 무엇인가가 끌어당기는 것처럼 나도 모르게 멈칫하는 순간. 아무도 없다면 다행이다. '그냥 기분 탓인가 보다.' 하고 넘기면 그만이니까.

그런데 가끔은 정말 '누군가가' 서 있을 때가 있다. 몰래 학원을 빼먹고 친구와 놀고 있는데 등 뒤에 무서운 표정의 엄마가 서 있기도 하고, 회사에서 나를 괴롭히던 상사가 휴양지의 매표소에서 내 뒤에 서 있을 때도 있다.

사실 그 정도는 괜찮다. 문제는 정말 보고 싶지 않은 사람들을 봤을 때다. 내 후배 중 한 명은 붐비는 주말 신촌 한복판에서 여자 친구가 다른 남자와 팔짱을 끼고 가는 모습을 목격했다. 진지하게 결혼 얘기까지 주고받던 두 사람은 그날 이후 헤어졌다.

"평소에는 잘 가지도 않는 신촌 로터리에 왜 갔을까? 그리고 그때 내가 왜 하필 그쪽을 돌아봤을까? 그리고 왜 그 수많은 사람들 틈에서 그녀의 뒷모습이 한눈에 보였을까…? 우연치고는 너무 기막히지 않아요?"

한숨을 쉬며 담배연기를 내뿜던 후배의 모습은 아침 드라마의 주인공 같았다. 남녀 주인공은 늘 우연히 마주치고, 멀리서도 한눈에 서로를 알아본다. 그리고 때로는 그런 사건으로 삶의 방향이 바뀌기도 한다. 그 모든 것들을 훗날 '운명'이나 '인연'이라 부르면서. 그런데 살다 보면 가끔, 우리에게도 그런 영화 같은 일이 일어날 때가 있다. 생각해 보면 내게도 그런 인연이 있었다.

스무 살 무렵, 나는 인생을 제대로 시작하기도 전에 이미 지쳐 있었다. 집안은 복잡했고, 세상은 매력을 잃은 지 오래였다. 숨 막히는 경쟁과 한 가지 정답만 강요하는 학교에서 너무 오래 버텼던 것이다. 공부는 재미있었지만 시험은 싫었다. 졸업과 동시에 백수생활이 시작됐다. 하루 종일 집에서 글을 쓰거나, 목적 없이 지하철을 타고 도시를

순회하거나, 나보다 불쌍해 보이는 사람들이 나오는 TV를 골라 보는 게 일과의 전부였다.

그러던 어느 날, 마침내 나는 흥미로운 무언가를 발견했다. '요가Yoga'라고 씌어 있는 간판이었다. 지금은 전국에 요가학원이 수천 개에 달하지만 당시만 해도 무척 생소한 단어였다. 나는 무작정 들어가 등록했다. 그곳에서 어떤 날은 수업 내내 명상을 하기도 했고, 어떤 날은 부드러운 요가동작들을 배우기도 했다. 그렇게 몸과 마음을 이완시키는 중에 나도 모르게 코를 골며 잠에 빠져들기도 했다.

늘 쉬고 있었지만 늘 지쳐 있던 나에게 요가수업은 더할 나위 없는 휴식이었다. 나는 하루도 빼놓지 않고 요가학원에 나가기 시작했다. 그런데 시간이 흐르면서 중요한 한 가지 이유가 더 생겼다. 그곳에서 '첫사랑'을 만난 것이다.

그녀는 바로 나의 요가선생님이었다. 여섯 살 연상이었고 청순한 미인이었다. 원래 미대생이었는데 요가의 매력에 빠져 대학 졸업과 함께 요가지도자의 길로 들어섰다고 했다. 그리고 요가강사가 되어 처음 온 곳이 바로 이 학원이었다. 말하자면 이곳에서는 '막내강사'였던 셈이다. 막내가 하는 일은 세상 어디서나 비슷하다. 혼자서 여러 가지 자질구레한 일들을 도맡아 했고 별것 아닌 일에도 선배들에게 혼이 나곤 했다.

수업시간에는 고난이도의 동작을 하며 영혼의 자유로움을 이야기하던 그녀가, 쉬는 시간이면 계단에 숨어 혼자 훌쩍였다. 어린 내가 보기에도 그녀는 나보다 나이만 많았지 허점투성이었다. 그런데 나는 왠지 그게 좋았다. 그럴 때마다 그녀에게 다가가 위로해주고 다독여주고 싶었다. 애처로움과 걱정, 기분 좋은 설렘은 시간이 지날수록 수줍은 짝사랑으로 바뀌어갔다.

다행히 그녀는 존재감 없던 나를 깃털처럼 가볍게 받아들였다. 나를 데리고 다니며 요가나 명상과 관련된 용품을 파는 가게들을 둘러보기도 하고, 함께 명상을 하며 침묵의 세계를 경험하기도 했다. 그러나 그때 나는 왜 그랬을까. 그 수많은 시간 동안 그녀에게 단 한 번도 내 마음을 전하지 못했다. 겨우 용기를 낸 것은 1년 하고도 절반이 지났을 때였다. 하필 군에 입대하기 전날, 나는 그녀에게 고백했다. 최악의 타이밍이었다. 그러나 그녀는 당혹스러운 표정 대신 따뜻한 미소를 지으며 내 손을 잡아주었다.

"그곳에 가면 많이 춥겠지. 그때마다 지금의 내 손을 생각해. 너와 함께하지는 못하지만 네 손을 잡고 있는 누군가가 있다는 걸 잊지 말았으면 좋겠어."

내 손을 잡은 그녀의 온기가 온몸에 퍼졌고, 짧은 순간이었지만 아주 잠깐, 시간이 멈추는 것도 같았다. 그 후부터 나는 군대에서 힘들 때마다 물끄러미 손을 보곤 했다. 총을 잡은 열 손가락이 추위에 모두 터져 피투성이가 됐을 때도 내 손을 잡았던 따뜻한 온기를 기억했다.

그녀를 향한 그리움은 춥고 외로웠던 그 시절을 버티게 해준 유일한 버팀목이었다.

그런데 막상 제대하고 나자 그녀가 사라졌다. 마지막 휴가 때도 만났는데 돌연 자취를 감춘 것이다. 다시 찾은 요가학원에는 남겨놓은 연락처도, 나를 위한 메모도 한 장 없었다. 언젠가 한 번쯤은 다시 들릴 것이라는 막연한 희망으로 학원 주위를 맴돌았지만 그녀는 끝내 나타나지 않았다. 그렇게 첫사랑에 대한 기억도, 따뜻했던 손의 온기도 차츰 잊혀져갔다.

그리고 10년의 세월이 지난 어느 날이었다. 나는 아내를 옆에 태우고 운전을 하며 종로를 지나고 있었다. 일요일이라 도로는 자동차들로 가득 차 있었다. 거북이처럼 앞으로 조금씩 움직이고 있는데 오른편에 조계사가 보였다. 그 순간이었다. 핸들을 잡은 손에 미세한 온기가 느껴지기 시작한 것은. 그리고 뭔가에 이끌리듯 고개를 돌려 창밖을 보았다. 그때 내 시야 속으로 비구니 스님 한 분이 들어왔다. 겨우 1초 남짓한 사이에, 그 넓은 길 한복판에서, 수많은 인파 속에서 나는 알아보고야 말았다. 첫사랑 그녀였다.

아무런 준비가 되어 있지 않던 나는 나도 모르게 움츠러들며 고개를 돌렸다. 앞차와의 거리를 바짝 좁힌 채 계속 정면만 바라보았다. 모두가 순식간에 벌어진 일이었다. 금방 후회했지만 꽉 막히는 도로 위에서 내가 할 수 있는 일은 없었다. 손의 온기만 아직 조금 남아 있을 뿐.

서 내가 할 수 있는 일은 없었다. 손의 온기만 아직 조금 남아 있을 뿐. 그때 옆에서 지루한 듯 앉아 있던 아내가 사이드 미러를 보며 한마디 툭 던졌다.

"그런데 저 스님은 왜 자꾸 우리 차를 쳐다보지?"

나는 지금도 따뜻했던 그때의 손을 기억한다. 미세했지만 선명한 느낌이었다. 그리고 마치 당연하다는 듯, 그녀가 그곳에 서 있었다. 그녀역시 그 수많은 차들 속에서 나를 알아보았다. 머리가 아닌 몸이 먼저서로의 울림을 기억해낸 것이다. 그 순간 우리는 분명 함께 공명하고있었다.

누군가로 인해 몸과 마음이 크게 진동하면 그 울림은 몸이라는 공간의 구석구석에 기억된다. 그렇게 한 번 기억된 울림은 아무리 오랜 시간이 지나도 쉽게 사라지지 않는다. 그러다 그 울림을 주었던 누군가가다시 나타나면 몸은 내 의식의 속도를 넘어 나에게 신호를 보낸다. 마치 보이지 않는 실에 묶인 것처럼 서로에게 반응하고 공명하기 시작하는 것이다.

나는 이런 시공을 초월한 인간의 공명이 바로 '인연'이라고 생각한다. 그리고 그 인연은 우연히 일어난 것 같은 특별한 사건들을 일어날수밖에 없었던 필연의 일들로 만들어낸다. 어쩌면 우리들의 일상은 수많은 인연들이 벌이고 있는 공명의 장場일 수도 있다. 다만 내 몸이 그 미세한 울림을 모르며 살아가고 있을 뿐이다.

생각해보면, 세상에는 그녀와 나처럼 헤어져야 했던 수많은 사람들이 있었을 것이다. 그들은 나처럼 연인이었을 수도 있고 부모, 자식, 형제, 친한 친구일 수도 있다. 그들이 어떤 관계였는지는 사실 중요하지 않다. 중요한 건 그들도 나처럼 생각하지도 못했던 곳에서 우연처럼 서로를 다시 만나게 될 것이라는 점이다.

인연은 언제나 이루지 못했던 마지막 순간을 비워놓고 우리를 기다리고 있다. 이는 매듭을 지어야만 또 다른 인연을 만들 수 있는 인연의 생리이기도 하다. 나 역시 우연히 그녀를 만났던 그날 비로소 그녀와의 남은 인연을 매듭지을 수 있었다. 비록 멀고도 짧은 만남이었지만 채우지 못했던 한 방울의 순간이 채워지기에는 충분한 시간과 거리였다. 그것이 아마도 그 날, 그 시간, 그렇게 그녀를 만날 수밖에 없었던 이유였을 것이다. 이제는 그날이 떠올라도 예전만큼 슬프거나 아련하지만은 않을 것이다.

우리는 살면서 수없이 많은 인연들을 만든다. 보이지 않지만 세상에서 가장 강력한 끈으로 서로를 연결하며 살아간다. 그러나 그 수많은 선들은 나를 옭아매는 답답하고 부담스러운 것이 아니다. 뇌신경들이 촘촘한 그물로 내 기억과 생각이 머무는 둥지를 만들듯, 내가 만들어내는 인연의 끈들은 촘촘히 이어져 내 마음이 머무는 집이 된다. 때로는 따뜻하게 위로하고, 때로는 나를 쉬어가게 해주는 소중한 안식처. 모두에게 그런 집이 있기에 우리는 힘겨운 삶에 주저앉았다가도 다시 기운 내서 일어설 수 있는 게 아닐까. 춥고 외로웠던 시절을 이겨낼 수 있었던 첫사랑의 따뜻한 온기처럼.

누군가로 인해 몸과 마음이 크게 진동하면
그 울림은 몸이라는 공간의 구석구석에 기억된다.
그렇게 한 번 기억된 울림은 아무리 오랜 시간이 지나도 쉽게 사라지지 않는다.
그러다 그 울림을 주었던 누군가가 다시 나타나면
몸은 내 의식의 속도를 넘어 나에게 신호를 보낸다.
마치 보이지 않는 실에 묶인 것처럼 서로에게 반응하기 시작하는 것이다.

유령 DNA가 당신 곁을 맴돈다

지나온 삶의 자취들은
공간 속에 흔적을 남기지 않는다.
아무것도 없다는 '비어 있는 사이'로
시간처럼 사라져간다.
하지만 눈을 뜨면 보일 것이다.
사라진 흔적들이 그 '사이'에 남아
우리를 보고 있다는 것을.

나와 아내는 둘 다 여행을 좋아한다. 그러나 좋아하기만 할 뿐, 실제로 떠나지는 못한다. 여행하는 것도 일종의 '소질'이라면 우리는 '여행치'에 가깝다. 일단 여행을 가자고 결정하는 그 순간부터 피로가 몰려온다. 심지어 나는 자타가 인정하는 길치인 데다 아내는 겁도 많아 낯선 곳에 가면 둘이 세트로 헤매곤 한다. 연애 시절부터 서로가 '여행둔재'임을 아쉬워하던 우리는 결국 신혼여행에서 그 한을 풀기로 했다. 용감하게 유럽 3개국 배낭여행을 떠났던 것이다.

중간에 우여곡절은 많았지만 다행히 마지막 여행지인 로마에 무사히 도착했다. 현지 가이드와 함께 시내관광에 나섰는데 웬일인지 도로가 꽉꽉 막혔다. 할 수 없이 근처로 행선지를 급선회했다. 그곳이 바로 '카타콤베'라는 로마 시대 기독교인들의 지하무덤이었다.

갑자기 오게 된 곳이라 사전지식이라곤 거의 없이 입구에 들어섰다. 그리고 첫발을 딛는 순간, 나는 조금 놀랐다. 공간에 가득 찬 슬픔이 너무도 강렬히 느껴졌기 때문이다. 마치 경건하고 장엄한 노랫소리가 지하무덤 전체를 울리는 듯했다. 그 슬픔이 어찌나 강렬했던지 나는 돌아보는 내내 몇 번이나 북받치는 슬픔을 간신히 눌러야 했다. 기독교인도 아니고 이곳의 역사도 모르는 내가 왜 이럴까 어색해 하면서. 그때 옆에 있던 아내가 나직이 말했다.

"여보, 이곳 참 슬프다…. 눈물 날 것 같아."

나중에서야 우리는 이곳이 기독교인들의 무덤인 동시에 신앙생활의 터전이었다는 것을 알게 됐다. 로마의 기독교 박해를 피해 수많은 사람들이 지하무덤에서 살아갔다. 햇볕 한 줌 안 드는 이곳에서 태어나고 죽은 사람도 많았다. 기록에 의하면 300년간 무려 수백만 명이 이곳에 잠들었다고 한다. 맑은 공기도 쐬지 못하고 바깥세상은 구경도 못 한 채, 뼈가 휘고 쉽게 병에 걸려 두려움과 슬픔을 간직한 채 이곳에서 죽어간 것이다.

아마도 내가 느꼈던 슬픔은 그때 그들이 남기고 간 것일지도 모른다. 혹은 몇 세기 동안 이곳을 참배했던 순례자들의 슬픔이 켜켜이 쌓였던 것일지도 모른다. 수천 년의 아픔을 기억하는 공간. 머리로는 이해할 수 없지만 분명 내 몸은 그렇게 말하고 있었다.

1990년대 초, 러시아의 한 과학자가 독특한 실험을 한 적이 있다. 블라디미르 포포닌 박사의 이른바 '유령 DNA' 실험이다. 그는 진공상태에서 빛의 패턴을 측정하는 장치를 개발했다. 먼저 아무것도 없는 진공상태의 공간에 레이저를 비췄다. 당연히 어떤 반응도 나타나지 않았다. 다음에는 DNA 샘플을 넣고 레이저를 비췄다. DNA와 만난 레이저는 일정한 패턴의 무늬를 만들어냈다. 놀라운 것은 그다음이다.

DNA 샘플을 제거한 뒤, 다시 그 빈 공간에 레이저 광선을 비췄을 때 어떤 일이 일어났을까? 과학자들은 당연히 어떤 패턴도 나타나지 않을 것이라고 확신했다. 그런데 놀랍게도 처음과는 다른 독특한 패턴이 나타났다. 심지어 그 패턴은 아무것도 없는 진공상태에서 몇 주 동안이나 계속 남아 있었다. 앞서 있었던 샘플의 자취가 마치 유령처럼 그곳에 남아 공간에 영향을 미치고 있었던 것이다. 포포닌 박사는 이런 현상에 '유령 DNA 효과'라는 이름을 붙였다. DNA가 사라져도 그 잔영이 한동안 유령처럼 그 공간을 맴돈다는 것이다. 흥미로우면서도 한편으로는 많은 것을 생각하게 하는 실험이다.

이 결과대로라면 우리가 머무는 일상의 공간에서도 이런 '유령 DNA

현상'이 일어나고 있다는 말이 된다. 가장 많은 시간을 보내는 집과 회사, 학교는 물론이고, 잠시 앉아 수다를 떨었던 카페, 영화관, 지하철 안에도 지문처럼 우리의 흔적이 남아 있을 것이다. 반대로 말하면, 우리가 살아가는 공간에는 셀 수 없을 정도의 유령 DNA가 떠돌고 있다는 뜻도 된다. 눈에 보이지는 않지만 그곳을 거쳐 간 수많은 이들의 유령 DNA와 함께 우리는 먹고 일하고 호흡하는 셈이다.

때때로 우리는 그 존재를 느끼기도 한다. 낮에는 수많은 인파로 북적이다 밤에는 조용해지는 공공장소의 경우 유령 DNA가 출몰하기 가장 좋은 곳이다. 이를테면 학교 같은 곳. '여고괴담'이 괜히 나온 게 아니다. 어느 학교나 오싹한 소문이 하나쯤은 있다. 아무도 없는 교실에서 웃음소리가 난다든지, 책상 끄는 소리가 난다든지, 교복 입은 학생을 본 것 같다든지. 아마도 공간에 남아 있던 인기척이 이런 식으로 윤색되고 각색되어 만들어진 이야기일 것이다.

공간은 사람들이 만들었던 파동을 지문처럼 고스란히 기억하고 있다. 물론, 보통 사람들은 이를 감지하기 힘들다. 밤에 혼자 있을 때면 옆에 '누군가 있는 것 같은 기분'을 느끼는 정도다. 그러나 파동을 감지하는 센서가 발달한 사람들은 그것을 3D 입체영상으로 느끼기도 한다. 예를 들면 마치 '유령처럼' 누군가의 모습이 보이거나 소리가 들릴 수도 있고, 냄새나 감촉으로 느끼기도 한다. 물론, 이 역시 어디까지나

실체가 아닌 잔상일 뿐이지만.

몇 년 전, 나도 유령 DNA를 생생히 느낀 적이 있다. 평소처럼 아내와 아이를 데리고 부모님 집에 갔을 때였다. 초인종을 누르자마자 문 앞에서 익숙한 소리가 났다. 부모님이 키우시는 강아지 예쁜이가 '컹컹' 짖는 소리였다. 아내의 품에 안겨 있던 아이가 웃으며 말했다.

"어, 예쁜이다!"

그렇게 우리는 반갑게 문을 열고 들어갔다. 그런데 이게 어떻게 된 일일까. 문 앞에는 아무것도 없었다. 그제야 나는 예쁜이가 지난주에 뇌출혈로 죽었다는 사실이 떠올랐다. 환청이라면 아이와 나, 그리고 아내가 어떻게 동시에 들을 수 있었을까. 깜짝 놀라 부모님께 말씀 드렸더니 아버지도 비슷한 경험을 하고 계셨다.

"안 그래도 요즘 아침마다 예쁜이가 얼굴을 핥는 느낌이 들어서 잠을 깨곤 한다. 집 안 어딘가에 꼭 있는 것 같고…. 그래서 요즘도 외출할 때마다 먹을 것과 마실 물을 두고 나가곤 한단다."

그 말씀을 하시는 아버지의 얼굴에는 진한 그리움이 담겨 있었다. 사랑하는 존재를 떠나보낸 사람들은 누구나 한 번쯤 다시 그와 '함께 있는 것 같은 기분'을 경험하는 것 같다. 금방이라도 방문을 열고 나올 것 같고, 익숙한 인기척을 느끼기도 한다. 그러나 이는 그리움이 만든 허상도, 환청도, 그렇다고 귀신도 아니다. 그저 공간이 잠시 기억하고 있는 우리들의 그림자일 뿐이다.

공간. 아무것도 없는, 말 그대로 '텅 빈 사이'에 무엇인가가 있다. 마치 살아 있는 투명 메모리칩처럼 그곳을 지나치는 모든 존재의 파동을 저장한다. 이는 공간이 그 안에 사는 인간에게 일정한 영향을 미친다는 의미이기도 하다. 로마 카타콤베에서 나와 아내가 그곳을 떠도는 강한 슬픔에 공명했듯, 우리 모두는 공간이 기억하는 유령 DNA와 공명하며 살아간다. 단지 그 미세한 떨림을 아느냐 모르느냐의 차이일 뿐.

'집이 사람을 닮고, 사람이 집을 닮아가는' 이유도 여기에 있다. 종종 우리는 집과 사람이 꽤 닮아 있다는 사실을 발견하곤 한다. 성격이 차분하고 공부를 좋아하는 사람의 집에 가면 집의 분위기 역시 차분하고 조용한 경우가 많다. 그런 집에 있다 보면 나도 모르게 말투도 얌전해지고 자연스럽게 책장에 손이 간다. 집 안 전체에 스며들어 있는 집주인의 생각과 행동이 나에게 영향을 미치기 때문이다. 물론 정반대의 경우도 있다. 얼마 전, 평소 친하게 지내는 학원 선생님이 함께 차를 마시다 이런 얘기를 했다.

"저희 학원이 4층에 있는데 요즘 학원생이 많아져서 3층까지 확장하게 됐어요. 그래서 한 달 전부터 애들 데리고 3층에 내려가서 공부하는데 이상하게 거기에서는 집중을 못해요. 4층에 있을 때는 차분하게 공부했는데 3층에 내려오니까 애들이 엄청 떠들고 수업 분위기가 안 잡혀요. 저도 뭔가 기분이 자꾸 들뜨는 느낌이고."

알고 봤더니 3층은 몇 년 동안 화장품 방문판매 사무실로 쓰였다고 한다. 주로 나이 지긋한 주부 판매사원들이 모여 수다를 즐기던 일종의 동네 사랑방이었던 것이다. 공간 전체가 수다스러웠던 사람들의 기척으로 가득 차 있었을 테니 갑자기 공부하는 분위기로 바꾸는 게 쉬울 리 없다. 그 공간을 바꾸는 것은 결국 선생님과 학생들의 몫이 될 것이다.

그렇게 보면 세상에 좋은 터, 나쁜 터가 따로 정해져 있는 것은 아닌 것 같다. 아무리 좋은 터라도 그곳에 사는 사람들이 싸우고 슬퍼하면 터도 함께 바뀌어간다. 반면, 아무리 초라한 공간이라도 사는 사람들이 맑고 예쁘면 터도 아름답게 변해간다. 그렇게 사람과 공간은 보이지 않게 서로를 닮아가고 있다.

나를 기억하는 물건과 이별하는 방법

나를 스쳐간 모든 것에
나의 흔적이 묻어 있다.
지워지지도 숨길 수도 없는
그 잔영이
세상에 남겨진 내 얼굴이 된다.

아내는 물건을 보는 눈이 탁월하다. 아마도 그쪽으로는 타고난 '센서'를 가진 것 같다. 백화점에 가면 가격표를 보지 않고도 가장 좋은 물건을 고르는 대단한(!) 능력자다. 겉으로는 평범해 보이는 명품도 귀신같이 알아본다. 남편의 재력만 받쳐줬다면 여러모로 '실력발휘'할 기회가 많았을 텐데…. 다행히 그 못잖은 현실감각을 가진 아내는 주로 저렴한 차茶 도구를 모으는 데 그 능력을 쓰곤 한다.

신혼 초, 우리는 인사동의 차 전문점에 자주 놀러가곤 했다. 가게 주인은 진열돼 있는 다관(차를 우려 마시는 주전자)을 하나씩 꺼내 차를 타 주곤 했다. 그러던 어느 날, 아내의 눈길이 다관 하나에 꽂혔다.

"와, 저 다관 통통한 게 정말 귀엽다. 쟤 혼자 반짝반짝 빛나는 느낌 이야. 우리 저거 사면 안 될까?"

하지만 그날, 나는 아내에게 다관을 사줄 수 없었다. 값비싼 물건은 아니었지만 당시 우리의 주머니 사정은 넉넉지 못했다. 그게 마음 아 파 한동안 그 다관이 눈에 밟히곤 했다. 몇 달 동안 그 가게 앞을 지날 때마다 전시돼 있는 다관을 물끄러미 바라보았다.

그러던 어느 날, 벼르고 벼르던 그 다관을 사러 들어갔다. 결혼 후 첫 번째로 맞이하는 아내의 생일이었다. 집으로 돌아와 별것 아니라는 듯 대충 건네준 선물상자를 아내가 열어보는 순간, 커다란 그녀의 눈 이 더 커졌다. 행복한 표정으로 아내는 그 다관에 '통통이'란 이름을 붙여주었다.

그리고 6년 정도 흘렀을까. 가게 주인으로부터 그걸 만든 분이 세계 적으로 인정받는 작가로 성장했다는 소식을 듣게 됐다. 통통이를 살 때만 해도 이름 없는 신인이었는데, 요즘에는 워낙 몸값이 올라 물건 구하기도 힘들다는 것이다. 새삼 그 얘기를 듣고 아내의 놀라운 안목 에 감탄했던 기억이 난다. 비슷한 가격의 비슷한 다관들 사이에서 어 떻게 '가치 있는' 물건을 한눈에 알아보았을까?

사람이 손으로 직접 만든 물건은 만든 이의 체취를 고스란히 담고 있다. 다시 말하면 넓은 의미에서의 '유령 DNA'를 갖고 있다는 뜻이 된다. 항상 입는 옷, 목걸이와 반지, 신발, 칫솔, 모자 등 우리의 진짜 DNA가 묻어 있는 것들은 말할 것도 없다. 자주 쓰는 노트북이나 책장, 의자 같은 손때 묻은 가구나 물건 역시 마찬가지다. 우리는 24시간 나의 자국을 흩뿌리고 우리 주변의 사물은 그 잔상을 기억하고 있다.

그렇다면 탄생 과정부터 만든 이의 땀과 정성이 집중 투사된 '작품'은 과연 어떨까. 처음부터 끝까지 장인정신으로 빚어낸 물건일수록 그것을 만든 이의 파동이 강하게 남을 수밖에 없다. 장인이 자신이 만든 도자기에 '혼을 담았다'고 말하는 것이 비유적인 표현만은 아닐 수도 있다는 얘기다. 실제로 좋은 도자기는 그 겉을 만지고 있어도 조금 더 깊은 속을 만지고 있는 것 같은 깊이감이 느껴질 때가 있다. 얕은 물인 줄 알고 들어갔는데 그 깊이가 내 키를 훌쩍 넘겼을 때의 당혹감이란.

다관도 마찬가지다. 그 작은 찻주전자 하나에도 손잡이에서 주둥이까지 만든 이의 세심한 균형감과 질감이 묻어 있다. 호흡을 멈춘 채 마지막 마무리를 하고 있는 장인의 모습이 눈앞에 보이는 것이다. 그리고 물건에 감춰진 이런 숨은 그림들을 그 분야의 경험이나 애정이 가득한 사람들은 한눈에 알아보고 그 가치를 인정해준다.

그렇게 세상에는 똑같은 물건에서 남들보다 더 '많은 것'을 보는 사람들이 있다. 누군가의 그림, 글씨 등을 보는 것만으로도 그것을 만들 당시의 작가의 몸과 마음을 느낀다. 녹음된 가수의 목소리에서 억눌린 내면의 떨림을 듣기도 하고, 누군가가 쓴 책에서 감춰진 감성을 읽어 내기도 한다.

특히 책은 집중된 정신이 만들어내는 산물이다. 때문에 작가의 마음을 강하게 느낄 수 있는 물건 중 하나다. 어떤 책은 읽으면 읽을수록 마음이 편안해지는데, 어떤 책은 아무리 위로와 치유를 말해도 가슴이 답답해진다. 가슴 밑바닥에서 밀어올린 말인지, 머리 꼭대기에서 툭툭 던진 말인지도 선명히 쓰여 있는 것이다. 아무리 중간에 편집자가 개입하고, 컴퓨터로 수정하고, 인쇄해서 찍어내도, 작가 고유의 그것은 바코드처럼 찍힌다. 그리고 그 책을 읽는 사람에게 일정한 '영향'을 끼친다. 100명이 보았다면 100명에게, 1만 명이 보았다면 1만 명에게.

생각해보면 무서운 일이다. 만약 몸과 마음이 엉망인 상태로 쓴 책이 대중에게 읽혀진다면 작가의 어지러운 마음에 독자들이 그대로 노출된다는 얘기다. 이건 민폐 정도에 그칠 일이 아니다. 말 그대로 '업보'를 쌓는 일이다. 도가 깊을수록 한 분야의 장인과 수행자의 경계가 모호해지는 이유도 이 때문이다. 그 무게와 엄중함을 알기에 무언가를 세상에 내놓기에 앞서 몸과 마음을 정갈히 하고, 정신을 가다듬는 것이다.

유령 DNA의 관점으로 세상을 보면 보이지 않던 많은 것들이 보인다. 우리는 생각보다 흔적을 많이 남기는 존재라는 것도, 보이는 게 전부가 아니라는 것도 알게 된다.

예를 들면 남편의 외도를 '그냥' 알아버리는 여자의 육감 같은 것. 아내들이 느끼는 그 낯선 무엇이 화장품이나 립스틱 자국이 아닐 수 있다. 남편에게 묻어 있는 다른 여자의 유령 DNA일 가능성이 크다. 이건 지워지지도 않고, 숨길 수도 없다. 그러니 '감 좋은' 아내를 둔 남자들은 애초에 심사숙고하는 게 좋다.

연인들이 안타까운 이별을 할 때 자신이 끼고 있던 반지나 목걸이를 상대방에게 주는 것도 마찬가지다. 그것은 머리로 이해하기 전에 직관이 시키는 행동이다. 자신의 체취가 담긴 물건을 건넴으로써 몸은 비록 떨어져 있지만 영원히 하나가 되길 바라는 것이다.

이처럼 우리 주변의 평범한 물건은 나의 염원이 담기면서 특별한 의미를 갖기도 한다. 보통의 백설기가 부처님 앞에 올라가면 '기도떡'으로 재탄생하는 것도 마찬가지다. 신도들은 그 떡에 대중들과 스님들의 기도가 담겼다고 여겨, 그 어떤 음식보다 소중히 여긴다. 언뜻 보면 근거 없는 믿음처럼 보이지만 유령 DNA의 관점으로 보면 고개가 끄덕여진다. 정말 떡에 기도의 파동이 남아 있을 테니까.

그렇게 보면, 사실 내 주위에 소중하지 않은 것이 없다. 언제나 보고 만지는 모든 물건 속에는 내 유령 DNA가 지문처럼 찍혀 있다. 그리고 보이지 않지만 나로 인해 변형된 파동을 공간에 퍼뜨리고 있을 것이다. 마치 살아 있는 DNA를 가진 나 자신처럼.

　그래서 나는 물건을 함부로 버리지 못한다. 마치 내 일부를 버리는 기분이 들기 때문이다. 되도록이면 '이별의 숙려기간'을 둔다. 3년 상을 치르듯, 오랫동안 창고에 깊숙이 넣어둔다. 충분히 낯선 느낌이 들 때에야 누군가에게 주거나 버린다. 특히 부모가 되어보니 아이들 물건일 때는 더 신중해진다. 아이가 서너 살 때 입던 옷들은 수년이 지난 요즘에서야 조금씩 떠나보내고 있다. 장난감도 소중하게 써줄 사람들에게만 준다. 지금 몰고 있는 차도 10년 정도 되면서 벌써 걱정이다. 우리 가족을 다 기억하고 있을 텐데 모르는 사람에게 가는 것도, 폐차장에서 쓸쓸히 뒹구는 것도 싫다. 아무래도 때가 되면, 주변의 믿을 만한 사람에게 부탁해야 할 것 같다. 생각해보면 고인의 물건을 태우는 오랜 풍습도 이런 이유가 아닐까 싶다. 주인을 기억하는 물건을 함부로 버리는 것은 예의가 아니다. 사람에게도, 물건에게도.

　보이는 게 많아지면 집에 새로운 물건을 들이는 것도 쉽지 않다. 다른 사람의 물건은 잘 아는 사람이 주는 게 아니면 최대한 신중하게 받는다. 물건이 먼저가 아니라 사람을 먼저 보는 것이다. 새 물건도 싼 것보다는 튼튼하고 오래 쓸 수 있는 것을 고르는 편이다. 나중을 생각하면 자연히 내가 감당할 수 있을 만큼만, 간소하게 살림을 꾸려가게 된다. 다행히 그 부분은 아내의 전문 분야인 만큼 믿고 맡긴다. 그런데 요즘 들어 아내가 물건을 고르는 시간이 점점 더 길어진다. 중요한 가치 기준에 '아이'가 추가됐기 때문이다. 며칠 전에도 찻잔을 고르면서 내게 물었다.

"여보, 이거 나중에 우리 아이가 써도 괜찮을까?"

아내는 진열장에 앉아 있는 통통이도 나중에 기린이에게 물려줄 모양이다. 10년 가까이 함께 있으면서 통통이와 아내는 서로 닮아가고 있다. 아내는 더 통통해졌고, 통통이는 더 향기로워졌다. 그런 엄마와 통통이를 일곱 살 기린이는 맑은 눈으로 지켜보고 있다.

오랜 시간이 흘러 아이는 통통이를 보며 떠올리게 될까? 아빠를 고른 엄마의 안목이 얼마나 훌륭했는지, 그런 엄마를 아빠가 얼마나 사랑했는지. 그리고 엄마와 아빠가 세상에 남긴 가장 소중한 보물이 바로 자기 자신이라는 것도.

우리는 서로가 서로를 붙잡아주는 존재

섬처럼 서로가 멀리 있어도
우리는 섬이 아니다.
바다 속 깊은 곳에서
육지가 이어져 있듯
마음속 깊은 곳에서
우리는 서로 이어져 있다.

얼마 전, 친구 부부와 함께 강화도 마니산에 다녀왔다. 집에서 멀지 않은 곳이었지만 강화도도, 마니산도 처음이었다. 펜션에서 하룻밤 자고 다음 날 올라오는 길에 마니산에 들렀다. 일행 모두 등산은 전혀 계획에 없었고 아이도 어렸기 때문에 살짝 둘러만 보고 오기로 했다.

　그런데 이상했다. 등산로를 조금 걷기 시작하자 가던 길을 멈추고 싶지가 않았다. 마치 뭔가가 나를 잡아당기는 기분이었다. 심각한 표정으로 앞장서는 나를 따라 일행은 결국 예정에도 없던 마니산 등반에

나서야만 했다. 나는 기린이를 업고 3시간 가까이 걸려서야 마침내 정상에 도착했다. 시원한 바람과 함께 땀이 등줄기를 타고 내려갔다. 그리고 마침내 참성단 앞에 서자 나를 끌어당겼던 에너지가 더 강하게 느껴졌다. 그 강력한 에너지는 바로 이곳에서 나오고 있었다.

조용히 호흡을 가다듬고 눈을 감은 채 두 손을 모았다. 그러자 놀라운 몸의 변화가 느껴지기 시작했다. 마치 휴대폰의 배터리가 한 칸씩 채워지듯 에너지가 급속 충전되는 기분이었다. 열심히 인증사진을 찍고 있던 친구 부부에게도 산의 기운을 느껴보라고 했다. 부부는 쭈뼛거리며 눈치를 보는 듯하더니 구석으로 가 손을 모았다. 우르르 모여서 수상한 행동을 하고 있는 우리를 비껴가며 등산객들은 마니산의 기운 따위는 상관도 없다는 듯이 커피를 마시거나 인증샷을 남기고 가던 길을 재촉했다.

마니산처럼 땅의 힘이 강한 곳은 보통 사람도 그 에너지를 느끼는 일이 어렵지 않다. 두 손을 모으고, 몸에 힘을 빼고, 차분히 그 땅에 집중하면 된다. 그러면 매력적인 이성 앞에 서 있는 것처럼 뭔가 다른 느낌이 올 것이다. 함께 있는 것만으로도 힘을 주는 사람이 있듯이 함께 있는 것만으로도 힘을 주는 땅도 있다.

마니산에 다녀오고 나서 나는 땅과 인간의 소통에 대해 다시 생각해보게 되었다. 우리가 알지 못할 뿐, 우리는 언제나 발 딛고 있는 땅으로부터 영향을 받으며 살고 있다. 때문에 하루의 대부분을 보내고 있는 집이나 회사의 '터'는 무척이나 중요할 수밖에 없다. 특히 사람은 잠을 잘 때 공간의 에너지에 무방비로 노출되기 마련이다. 의식이 깨어 있으면 어느 정도 방어를 할 수 있지만 잠들어 있을 때는 고스란히 영향을 받는다. 그래서 땅과 무난한 관계를 맺으면 다행이지만 잘 맞지 않으면 여러 가지 문제가 생길 수도 있다.

옛날이나 지금이나 책임질 식솔이 많고 재력이 받쳐주는 이들은, 살면서 검증된 터전을 함부로 바꾸지 않았다. 어쩔 수 없이 바꿔야 한다면 땅을 읽는 전문가를 옆에 두고 신중한 검증과정을 거쳤다. 그런데 그들이 집만큼이나 중요하게 여기는 터가 또 하나 있다. 바로 죽은 자의 집인 '묏자리'다. 조상의 묘를 잘 써야 후손이 편안하고 복을 받는다는 믿음에서다.

지금이야 화장이 많이 보편화됐지만 매장이 일반적이었던 수십 년 전만 해도 묏자리를 둘러싼 '전설의 고향' 같은 얘기들이 많았다. 명당이라는 지관의 말에 속아 묘를 썼는데 자손의 변고가 끊이지 않았다는 이야기, 돌아가신 부모님이 자꾸 물에 젖은 모습으로 꿈에 나와 묘를 파보니 정말 관에 물이 차 있더라는 이야기 등. 어릴 때는 그런 얘기를 들을 때마다 무척이나 궁금했다. 죽은 사람의 묘와 살아 있는 자손 사이에 정말 뭔가가 있는 걸까?

몇 년 전, 국내의 한 박사논문이 여기에 대한 나름의 답을 도출했다. 묏자리와 후손의 관계를 실제로 추적해 밝힌 논문이었다. 저자는 17세기 이후 조성된 전국 50개 가문의 묘를 실측하고, 2,800여 명에 이르는 5대손을 추적했다. 그 결과 경사가 완만한 곳에 조성된 묘의 후손은 평균 34명이었다고 한다. 이에 비해 산비탈에 묘를 쓴 가문의 후손은 평균 18명이었다. 그리고 산봉우리에 묘를 써 묘의 꼬리 부분에 여유가 없는 경우, 후손이 없을 확률도 상대적으로 높았다.

그 논문은 묘를 어떻게 쓰느냐에 따라 그 후손에게 영향이 갈 수도 있다고 결론을 내린다. 물론 이를 두고 학계에서는 말이 많았다. 어떻게 이런 내용의 논문이 통과될 수 있느냐부터 학위 자격 논란까지 분분했다. 하지만 사람들이 늘 궁금해하던 내용을 수치화했다는 점에서 의미 있는 논문이었다.

이 논문은 '같은 기운이 만나면 서로 감응한다.'는 '땅의 동기감응'을 데이터로 정리해 보여준 것이다. 이를 다시 풀어서 설명하자면 이렇다. 죽은 사람의 사체, 그중에서도 뼈에 담긴 주파수가 땅의 파동에 영향을 받기 시작한다. 그리고 이것이 같은 DNA와 같은 주파수를 가진 자손들에게 '순간이동' 된다. 즉 하나가 영향을 받으면 같은 DNA를 가진 다른 존재들 역시 어느 장소에 있건 관계없이 동시에 영향을 받는다는 것이다.

그런데 이와 비슷한 일들을 정말 현실로 만드는 이들이 있다. 바로 과학자들이다. 미시세계를 연구하는 양자역학은 이런 현상을 이미 수십 년간 연구해왔다. 얽힘 관계에 있는 2개의 전자 중 하나를 한곳에 두고 나머지 하나를 다른 곳으로 보내도 그 거리에 상관없이 두 전자는 동시에 반응한다는 것이다. 이것을 과학자들은 '양자의 얽힘 현상quantum entanglement'라고 이름 붙였다.

실제로 2012년 오스트리아 빈대학교 연구진은 143킬로미터 떨어진 카나리아 제도의 섬들 사이에 양자를 '순간이동'시키는 데 성공했다고 발표했다. 한 쌍의 양자를 만들어 143킬로미터나 떨어뜨려놨는데 하나의 상태를 바꾸자 나머지 하나가 마치 순간이동한 것처럼 동시에 바뀌는 현상을 확인한 것이다.

일찍이 아인슈타인이 '유령 같은 원격작용'이라며 고개를 절레절레 흔들었던 양자의 얽힘은 이미 양자컴퓨터 등에 응용돼 실용화 단계에 들어섰다. 또한 각 나라마다 천문학적인 예산을 투입해 이 마법을 현실화시키기 위해 치열하게 경쟁하고 있다. 수백 년 뒤에는 정말 영화의 한 장면처럼 모든 인간이 '순간이동' 하는 모습을 보게 될지 모른다.

우리의 머리로는 이해할 수 없는 판타지와 현실의 경계가 점차 허물어지고 있는 것이다. 세상을 떠받치고 있는 기본 설계도가 이와 같다면 땅 속에 묻힌 조상의 DNA와 살아 있는 후손의 DNA가 실시간으로 공명한다는 게 그리 놀라운 일도 아닐지 모른다. 만약 그렇다면 살아 있는 혈육은 어떨까? 죽은 조상의 뼈조차 이 정도로 영향을 미친다면, 과연 살아 있는 부모는 어떨 것인가?

　최근 며칠 동안 나는 이유 없이 기분이 가라앉고 몸이 좋지 않았다. 특히 몸의 왼쪽이 다 문제였다. 왼쪽 배가 붓고, 왼쪽 눈에서만 눈물이 맺히고, 왼쪽 머리에 둔탁한 통증이 있었다. 처음에는 내게서 그 원인을 찾으려고 애썼다. 음식을 잘못 먹었나, 요즘 뭔가 스트레스 받는 일이 있었나? 아니면 나이가 들어 몸에 변화라도 생긴 건가? 그러나 아무리 찾아도 답을 구할 수가 없었다.

　한참을 고민하고 있는데 갑자기 부모님의 얼굴이 떠올랐다. 요즘 들어 이런저런 잔병에 시달리던 어머니의 얼굴이 아프게 다가왔다. 그제야 나는 알았다. 가족들이 걱정할까봐 별로 내색하지 않았지만 내 몸은 이미 어머니의 몸과 함께 울리고 있었던 것이다. 더 놀라운 것은 이것이 '대를 건너' 아이에게까지 영향을 미친다는 것이다. 내가 울적했던 몇 주 동안 아이 역시 눈에 띌 정도로 산만해져 있었다. 아빠인 내가 정신적으로 안정되지 못하니 그 영향을 고스란히 받고 있었던 것이다.

　그 후로 나는 아이를 볼 때마다 스스로를 먼저 비추어보게 됐다. 아이에게 산만하다고 야단치기 전에 부모인 내 마음부터 먼저 들여다봤다. 나를 볼 때도 마찬가지다. 몸과 마음이 필요 이상으로 힘들어지면 주위 사람을 생각하게 됐다. 부모님이 편찮으신 데는 없는지, 나와 인연이 깊은 누군가가 마음 상하는 일이 없었는지 살펴본다. 그리고 내 마음속에 들어온 그분들의 우울과 슬픔을 함께 느끼고 어루만지려고 한다. 나를 달램으로써 그들의 마음까지 위로할 수 있다고 믿기 때문이다.

서로 영향을 미치고 있다는 것은 내가 흔들리지 않고 중심을 잡을 때 상대방에게 힘이 될 수 있다는 의미다. 어느 집에나 기둥 같은 존재가 있다. 강한 누군가가 버티고 있는 집은 아무리 힘든 위기도 이겨낼 수 있다. 그의 마음이 건강하고 지혜로운 '공명의 선순환'을 만들어내기 때문이다.

그런데 우리가 서로 영향을 주고받을 수 있는 범위는 과연 가족이나 지인들뿐일까? 우리가 가진 DNA의 뿌리를 캐고 들어가다 보면 대한민국이라는 땅에 사는 우리는 모두 먼 친척이나 다름없다. 그보다 더 깊게 파고 들어가면 아시아와 유럽이 형제지간으로 얽힌다. 더 나아가 인류의 기원까지 거슬러 올라가면 20만 년 전 아프리카에서 살았던 한 여성으로 모아진다. 과학자들은 이 여성에게 '미토콘드리아 이브'라는 이름을 붙였다. 전 인류에게 공통의 DNA를 나눠준 어머니인 셈이다. DNA로만 따지면 우리 모두는 서로에게 한 사람도 빠짐없이 '얽혀' 있다. 여기서 끝이 아니다. 심지어 양자역학을 연구하는 과학자들은 이렇게 말한다.

"우주가 탄생 한 시점인 '빅뱅'의 순간에는 모든 것이 서로 얽혀 있었다. 그러니 우주의 모든 존재는 서로 지속적으로 영향을 주고받고 있다. 독립적인 무엇인가가 존재한다는 것은 환상일 뿐이다."

우리는 섬처럼 떨어져 살지만, 사실은 섬이 아니다. 혈육인 부모, 형제조차도 때로는 섬처럼 멀게 느껴지지만 사실은 바다 속 깊은 곳에서 서로 연결돼 있다. 물 밖으로 드러난 모습만 보고 늘 착각하며 살아갈 뿐이다. 우리의 몸은 아무리 멀리 떨어져 있어도 서로 함께 흔들리고, 마음은 빛보다 빨리 서로에게 가 닿는다. 인도의 철학자 오쇼 라즈니쉬는 이렇게 말했다.

"모든 인간은 외딴 섬이라는 이상한 관념이 인류를 지배하고 있다. 그것은 터무니없는 생각이다. 섬은 섬이 아니다. 조금만 깊이 내려가 보면 섬들은 대륙으로 연결되어 있다. 모든 인간은 하나로 연결되어 있다. 조금만 더 깊이 파고들면 그것을 알 수 있다. 우리의 뿌리는 서로 얽혀 있다. 우리 삶의 근원은 똑같다."

서로 영향을 미치고 있다는 것은 내가 흔들리지 않고 중심을 잡을 때
상대방에게 힘이 될 수 있다는 의미다.
어느 집에나 기둥 같은 존재가 있다.
강한 누군가가 버티고 있는 집은 아무리 힘든 위기도 이겨낼 수 있다.
그의 마음이 건강하고 지혜로운 '공명의 선순환'을 만들어내기 때문이다.

징조를 해석해주는 직관의 전령사

바람의 언어, 나무의 떨림, 찻잔의 기억,
세상의 모든 소식을 전해주는
나의 전령사
모스.

스물두 살이 되던 해 겨울, 나는 군대에 있었다. 그것도 하필이면 강원
도 최전방 부대였다. 부모님은 조용한 성격인 내가 군생활을 잘할 수
있을지 걱정하셨지만, 생활은 생각보다 괜찮았다. 나를 괴롭히는 선임
도 없었고 훈련도 견딜 만했다. 잡다한 생각 없이 정해진 일과만 소화
하면 되는 나날들이 편하게 느껴지기도 했다. 하루하루가 너무 괜찮아
서 오히려 불안한 마음이 들 정도였다. 드라마의 복선처럼 큰 사건이
터지기 전에 일이 잘 풀리고 있는 느낌이랄까. 그리고 그런 예감은 언

제나 틀린 적이 없는 법이다.

제대를 3개월 정도 앞둔 어느 날, 나는 매우 기분 나쁜 꿈을 꾸었다. 물이 졸졸 흐르는 계곡 위에 무덤이 하나 보였다. 계곡물은 그 무덤을 통과해 흐르고 있었다. 호기심이 생긴 나는 무덤에 가까이 가기 위해 걸음을 옮겼다. 그런데 발을 떼자마자 계곡물이 넘쳐나기 시작했고, 금세 물에 휩쓸려 무덤이 떠내려가 버렸다. 불어난 물이 계곡을 넘어 길가로 범람했고, 물을 피해 도망가고 싶었지만 몸이 움직이지 않았다. 뭔가 뒤숭숭한 꿈이었다.

다음 날, 훈련을 마치고 나는 동료들과 군용트럭의 짐칸에 타고 부대로 복귀하고 있었다. 부대로 가기 위해서는 낭떠러지가 지척인 비포장도로를 지나 한참을 달려야만 했다. 해는 져가고 동료들은 고개를 숙이고 트럭의 흔들림에 몸을 맡긴 채 졸고 있었다. 그 무렵이었다. 도로 저편 숲속으로 버려진 듯한 무덤이 어렴풋이 보인 것은. 머릿속에는 어제의 그 뒤숭숭한 꿈이 스쳐지나갔다.

그 순간, 거짓말처럼 차가 옆으로 기울기 시작했다. 그리고 낭떠러지 쪽으로 데굴데굴 굴렀다. 미처 소리 지를 사이도 없이 머리를 팔로 감싸 안고 차와 함께 굴러 떨어졌다. 아픔과 충격에 놀란 몸은 마음대로 움직이질 않았다. 정신을 차려보니 차에서 튕겨나간 동료들의 살려달라는 비명과 신음소리가 들리기 시작했다. 구조대가 도착하기까지의 짧은 시간 동안 춥고 어두운 사고현장은 공포 그 자체였다. 다행히 죽은 사람은 없었지만 모두 다 큰 부상을 입었다. 심각한 외상이 없는 것은 나 하나뿐이었다. 사고가 나던 순간에 깨어 있었기에 본능적으로 몸을 보호할 수 있었던 것이다.

십수 년이 지난 지금도, 생사를 오갔던 그때의 경험은 잊을 수 없는 사건이다. 사건을 예고하는 듯한 꿈, 그리고 사고 직전에 보았던 '무덤의 신호'를 어떻게 해석해야 할지 난감했다. 분명한 것은 깨어 있었기 때문에 나는 큰 위기를 비교적 가볍게 넘길 수 있었다는 사실이다.

미래를 보여주는 예지몽. 이는 특별한 사람들만 가진 특별한 능력은 아니다. 정도의 차이는 있지만 누구나 한 번쯤은 경험하는 일들이기도 하다. 가장 흔한 것이 태몽이다. 아이를 가지면 '태몽이 무엇이냐?'고 묻는 게 자연스러운 인사다. 꽃이나 복숭아 꿈을 꾸면 여자아이가 태어나고, 무서운 황소나 호랑이 꿈을 꾸면 남자라고 생각한다.

나처럼 인생의 커다란 사건을 앞두고 특별한 꿈을 꾸는 이들도 있다. 내 친구는 비행기에 커다랗게 스크래치가 나는 꿈을 꾼 다음 날, 갖고 있던 항공 관련 주식이 폭락했다. 다른 사람의 발에 걸려 넘어지는 꿈을 꾸고 난 다음 날, 최종 면접에서 떨어진 친구도 있다. 하지만 이런 꿈을 꾸게 될지라도 대부분 우리는 그 의미를 짐작만 할 뿐, 그 꿈이 정확히 무슨 뜻인지 제대로 해석해내지 못한다. 암시된 일이 실제로 일어나거나 사건이 터진 후에야 그 내용을 알 수 있을 뿐이다. 꿈의 언어를 알지 못하기 때문에 해석할 수도, 반응할 수도 없는 것이다.

돌멩이나 흙은 물론 동물들과 사람까지 모두 각자의 언어를 가지고 있다. 이 언어들은 서로에게 먼 나라의 외국어처럼 생소할 수도 있고 때로는 모국어처럼 익숙할 수도 있다. 당연한 말이지만 내가 얼마나 관심을 가지고 그 언어들을 배웠느냐에 따라 의사소통의 수준은 결정된다. 눈에 보이는 세계에서는 '뇌'를 통해 이런 언어들을 습득한다. 눈과 귀로 보고 들을 수 있는 모든 것들은, 뇌의 지휘 아래 내가 이해할 수 있는 하나의 언어가 된다.

그렇다면 보이지 않는 세계에서는 어떨까. 일반적으로 뇌가 처리할 수 있는 정보는 1초에 4,000억 개(비트) 정도라고 한다. 우리는 그중에서 2,000개 정도의 정보만을 실제로 처리할 수 있을 뿐이다. 나머지 3,999억 개 이상의 정보는 써보지도 못한 채 사라져간다. 실체가 없음에도 있는 것처럼 느껴지는 보이지 않는 세상은, 바로 이러한 선택받지 못한 정보들이 만들어낸 세상일 수도 있다.

인간보다 훨씬 적은 양의 정보를 처리하는 동물이나 뇌가 없는 식물들은 뇌가 독점하는 정보들을 몸을 통해 소화하고 이해한다. 그들에게 몸은 모래알처럼 많은 정보를 수신할 수 있는 초강력 안테나다. 우리는 그들이 느낄 수 있는 세상이 보잘것없을 거라고 생각하지만, 우리가 보는 세상보다 더 크고 강렬한 것일 수도 있다.

우리의 뇌가 누군가의 말을 분석하고 있는 동안, 풀숲의 두꺼비는 수십 킬로미터 아래에서 울리는 지진의 소리를 들을 수도 있고, 연어는 수백 킬로미터의 길을 지도 없이 찾아오기도 한다. 그런 두꺼비와 연어처럼 인간에게도 언어 이전의 시대가 있었을 것이다. 그리고 그렇게 자연을 느끼고 자연의 변화에 민감해하던 시절에는, 우리도 몸의 감각들을 모두 열어놓고 몸이 시키는 대로 살았을 것이다.

가끔씩 나는 보이는 세계와 보이지 않는 세계, 이성의 뇌와 몸의 안테나를 연결시켜주는 어떤 교량이 있을 거란 생각을 해본다. 이 교량은 자연의 언어와 인간의 언어 둘 다를 해석하고 전달할 수 있는 중간자의 역할을 한다. 바람의 언어, 땅의 말, 나무의 떨림, 고양이의 마음, 찻잔의 기억까지, 그들의 방식으로 울리고 있는 고요한 신호들을 인간의 언어로 해석해주고 다시 나의 이야기를 그들에게 들려주는 것이다.

나는 그 중간자를 꿈의 신인 모피어스의 이름을 빌려 모스Mos라고 부르기로 했다. 모스는 모피어스처럼 우리가 알지 못하는 미지의 일을 알려주는 직관의 전령사다. 그 전령사는 직관이 받아들이는 자연의 언어를 내가 알아들을 수 있는 인간의 언어로 해석해주는 고마운 존재다. 하지만 그런 전령사일지라도 내가 나의 언어를 잘 가르쳐주지 않으면 제대로 된 통역을 해주지 못한다. 그의 능력을 키워나갈 수 있도록 함께 노력하고 소통해야 하는 것이 무엇보다 중요한 일이다.

그때, 그 추운 겨울날 나에게 일어난 사고의 원인은 운전병의 운전 미숙이었다고 한다. 부대에 전입 온 지 얼마 되지 않은 운전병은 그곳의 지리에 밝지 않았고 운전경력도 별로 없었다. 선임병들의 괴롭힘과 고된 잔무에 시달려 언제나 피곤하고 지친상태였다. 아마도 그 어린 병사의 몸은 자신이 지뢰가 가득한, 어두운 낭떠러지 숲길을 제대로 운전할 수 없는 상태라는 것을 알고 있었을 것이다. 그리고 계속 말하고 있었을 것이다. 오늘은 제발 운전을 하지 말아 달라고.

하지만 그 목소리를 들은 건 불행히도 운전병 자신이 아니었다. 얼마 남지 않은 제대에 들떠 있던 '나의 모스'였다. 하지만 그런 전령사의 존재조차 모르고 있었던 나 역시 모스가 가지고 온 심각한 메시지들을 전혀 알아들을 수 없었다. 다만 무덤의 이미지로, 범람하는 계곡의 모습으로 지나칠 뿐이었다.

모스는 모피어스처럼 대부분 꿈이라는 과정을 통해 우리에게 말을 걸어온다. 우리는 깨어 있을 때 너무 많은 신호들 속에 둘러싸여 있다. 주변의 생활소음들은 물론 내 마음속에도 먼지처럼 떠올랐다 가라앉는 수많은 생각들이 정신을 혼란스럽게 만든다. 시끄러우면 잠을 잘 수도, 꿈을 꿀 수도 없는 것처럼 모스 역시 일상의 요란함 속에서는 나에게 오는 길을 잃고 만다. 그 소음을 피해 모스는 우리의 꿈속으로 찾아든다. 스스로 고요해질 수 있는 사람이라면 자신이 만들어놓은 침묵의 시간 속에서 모스의 소리를 들을 수 있을 것이다. 내면의 볼륨이 줄어들수록 모스의 소리는 점점 뚜렷하고 선명해져간다.

우리들 중에는 타고난 직관의 소유자들이 있다. 이들이 직관으로 느끼는 것들은 실제 두 눈이 보는 것처럼 뚜렷한 경우도 있다. 예언자들처럼 먼 미래의 일을 지금 내 앞의 일처럼 본다거나, 물고기 같은 동물의 소리를 듣기도 한다. 직관이 오감을 압도할 때 일어나는 일들이다.

하지만 넘쳐나는 자연의 언어들을 해석해줄 전령사 없이 직접 전달된 신호들은 조절하기 힘들고 거칠다. 그래서 중요한 것은, 안테나인 직관보다 그 안테나가 수신한 정보를 다룰 수 있는 '모스'의 존재다. 이런 모스의 존재를 확인하는 것은 어렵지 않다. 내가 그를 알아보고 느끼는 순간, 모스도 나에게 말을 걸기 시작한다. 그리고 자신이 해독한 비밀의 문서들을 아낌없이 나에게 건네준다. 그에게 월급을 줄 필요도 없고 수당을 챙겨줄 필요도 없다. 그의 소리에 귀 기울이고 그에게 감사하는 것만으로도 야생의 나무가 자라듯 모스는 능숙한 나의 동반자로 성장한다.

언젠가 우리가 맞이해야 할 죽음의 순간까지, 모스는 마음의 가장 깊은 곳에서 우리와 함께할 것이다. 그러다 죽음의 순간이 오면 그동안 함께했던 나의 몸을 벗어나게 된다. 원래 자신이 왔던 곳인, 신의 세계, 각자의 모스들이 모여 있던 '코스모스cosmos'의 품으로 돌아가기 위해서다. 그곳에서 다시 아름다운 우주의 한 부분이 되는 것이다.

지금 우리는 언제 어디서 무슨 일이 일어날지 예측하기조차 어려운 시대에 살고 있다. 마치 기계의 회로가 복잡해지고 디지털화될수록 원인을 알 수 없는 오류가 많아지는 것처럼, 문명이 발달할수록 인간의 운명도 복잡하게 얽혀가고 있다. 바다 건너 미국의 경제 위기로 하루 아침에 내 일자리가 없어질 수도 있고, 중국에서 발생한 조류독감이 이곳에 있는 나를 위협할 수도 있다. 지금 타고 있는 자동차나, 비행기가 갑자기 엔진 고장을 일으킬 수도 있다. 그렇게 우리의 운명은 언제나 공동체의 운명과 밀접하게 얽혀 있다. 미처 알아차리지 못하는 사이, 순식간에 휩쓸려버릴 수밖에 없다.

하지만 다행인 것은 모든 일들이 반드시 사전에 미세한 신호를 보낸다는 것이다. 그 신호를 감지하고 제대로 이해할 수 있다면 우리는 조금이라도 더 현명하고 더 안전하게, 세상을 살 수 있을 것이다.

나는 아침에 일어나면 가장 먼저 집 안의 모든 창문을 활짝 열어놓는다. 잠이 덜 깬 아내와 아이가 춥다고 투덜거려도 그것만큼은 양보하기 싫은 나의 습관이다. 문을 열면 두꺼운 유리가 차단하고 있던 세상의 공기들이 순식간에 밀려들어온다. 그 밀려드는 숨결들 속에서 나는 가끔 나의 전령사가 아파트 아래 세상에서 밤새 모아왔을 메시지들을 떠올려본다. 그렇지만 나 역시 그와 그리 친한 편은 아니기에 대부분은 멍하니 먼 곳을 바라볼 뿐이다.

그러다 아주 가끔은 가슴속 깊은 곳에서 밝은 불빛이 등대의 신호처럼 반짝거리는 기분을 느낄 때가 있다. 그 빛의 신호는 나의 곁에 그가 있음을 알려주는 그의 배려이리라. 한 치 앞도 알 수 없는 어두운 길을 밝히는 고마운 직관의 불빛, 그 횃불을 나의 모스가 들고 있다.

가끔씩 나는 보이는 세계와 보이지 않는 세계,
이성의 뇌와 몸의 안테나를 연결시켜주는 어떤 교량이 있을 거란 생각을 해본다.
이 교량은 자연의 언어와 인간의 언어 둘 다를 해석하고 전달할 수 있는
중간자의 역할을 한다.
바람의 언어, 땅의 말, 나무의 떨림, 고양이의 마음, 찻잔의 기억까지,
그들의 방식으로 울리고 있는 고요한 신호들을 인간의 언어로 해석해주고
다시 나의 이야기를 그들에게 들려주는 것이다.

빛처럼 번쩍하고 찾아오는 영감의 순간

빛의 빠름이
느린 시간을 만드는 것처럼
빛처럼 번쩍이는
직관의 순간이
느린 삶의 시간을 만들어준다.

우리나라 사람들은 유독 '천재'에 대한 동경이 강한 것 같다. 어느 교수의 말마따나 '고등학교 때 1등 한 것으로, 평생 먹고사는 지위가 확보되는 사회구조' 탓인지도 모른다. 출발선부터 남보다 더 빠르게, 더 높이 뛸 수 있다는 것은 거부할 수 없는 유혹이다. 때문에 아이가 조금이라도 빠르다 싶으면 일찌감치 영재교육에 매달리는 부모들이 적지 않다. 아이의 좋은 머리를 살려줘야 한다는 이유다.

그러나 몸의 입장에서 보면 이런 빠른 발달이 반드시 축복인 것만은 아니다. 아홉 살도 되지 않는 아이가 초경을 시작하면 '조기 성숙증'이라는 병명이 붙는 것처럼, 아홉 살도 되지 않은 아이가 고등학생도 풀기 어려운 문제를 풀어내는 것도 두뇌의 조기 성숙증과 다르지 않다. 빠른 초경이 결국 아이의 성장을 서둘러 멈추게 하듯, 빠르고 편중된 뇌의 발달 역시 더 자랄 수 있는 뇌의 다른 부분의 성장을 멈추게 할지도 모른다.

수년 전 화제가 됐던 천재소년을 TV에서 본 적이 있다. 아이의 생명력은 온통 머리에 쏠려 있었고, 그에 비해 몸은 너무나 무기력해 보였다. 아이가 원하는 인생을 살게 하고 싶다는 부모의 말은 그나마 다행이었지만, 저러다 아프지는 않을지, 타고난 영재성이 금방 시들어버리지나 않을지 걱정스러웠다.

생물의 체내 시간을 연구하는 시간생물학자들에 의하면 대부분의 포유류가 가진 공통점이 '죽을 때까지 대략 15억~20억 회의 심장이 뛰는 것'이라고 한다. 쥐도, 코끼리도, 사람도 그 정도의 심장박동을 채웠을 때, 생이 끝나게 된다는 것이다. 심장박동이 분당 500~700회 뛰는 쥐는 대략 4년을 살고, 분당 150~70회를 뛰는 개는 평균 15년을 살 수 있다. 연구하는 학자마다 조금씩 다른 수치와 결과를 제시하기는 하지만 분명한 것은 분당 심장박동수와 수명 사이에는 반비례 관계가 성립된다는 점이다.

고전에서는 이런 관계를 호흡의 횟수로 말하기도 한다. 사람은 평생 쉴 수 있는 호흡의 양을 가지고 태어나므로 작은 동물처럼 호흡을 빠르고 거칠게 하면 수명이 짧아지고, 코끼리처럼 호흡을 길게 하면 그만큼 수명이 길어지게 된다는 것이다. 동양의 양생법이 고요한 호흡을 중요시하는 것은 바로 이 때문이다.

호흡과 심장박동처럼 사람이 쓸 수 있는 다른 신체 에너지 역시 한정돼 있다. 마치 질량보존의 법칙처럼 느리게 쓰면 천천히 소진되고 빨리 쓰면 금방 바닥이 드러난다. 뇌의 에너지도 마찬가지다. 무엇인가를 배우고 생각하고, 창조하는 머리도 무한히 쓸 수 있는 것은 아니다. 어렸을 때 너무 집중적으로 다 써버리면 남보다 빨리 고갈될 수밖에 없다. 우리는 스무 살에 가져야 할 능력을 열 살에 가진 천재들을 부러워하지만 어쩌면 그들은 스무 살까지 써야 할 에너지를 열 살 때 모두 써버린 것일 수도 있다.

어렸을 때 특목고에서 두각을 나타냈던 수많은 영재들이 막상 성인이 되면 평범한 삶으로 돌아오는 경우가 많다. 좋은 대학, 좋은 직장이 그들이 도달하는 최종 종착지가 되어 그 안에서 점점 평범하고 무료한 사람이 되어간다. 전공을 살려 연구원이 되거나 학자가 되는 경우가 아니라면, 이 영재들은 더 이상 책을 읽거나 공부를 하려고 하지 않는다. '지겨워서'가 아니라 '지쳐서' 더 이상 공부를 할 수 없게 된 것이다.

82

어렸을 때부터 1등을 해야 한다, 경쟁에서 살아남아야 한다는 강한 압박감 때문에, 자신이 가진 에너지를 무리하게 다 써버린 결과다. 더 큰 문제는 이것이 몸뿐만 아니라 마음에도 영향을 미친다는 것이다.

몸이 쓸 수 있는 에너지가 정해져 있듯이 사람의 마음에도 수용하고 발산할 수 있는 에너지의 양이 정해져 있다. 한없이 기뻐하거나 슬퍼하고 분노할 수 있을 것 같지만, 영원할 것 같은 감정의 격랑도 때가 되면 시들해지는 것은 그 채워야 할 양을 모두 채웠기 때문이다. 그래서 지혜로운 사람은 누군가를 좋아할수록 오히려 속도를 늦춘다. 감정을 한꺼번에 꺼내 쓰면 사랑도 빨리 고갈되는 것을 알기 때문이다.

반대로 감정을 쌓아두고 쓰지 않는 것도 문제다. 특히 아이들은 그 나이 때 경험하고 누려야만 하는 감정의 총량이 있다. 나름의 희극과 비극 속에서 슬퍼하거나 기뻐해야 하고, 자연을 느끼며 그 경이로움에 감탄해야 한다. 그 과정에서 겸손을 배운다. 그리고 부모와 친구들을 통해 공감과 소통의 어려움과 즐거움을 만끽해야 한다.

그러나 아이가 선천적인 영재가 아니라면 조기교육으로라도 '후천적 영재'로 만들려는 부모들은 마음이 급하다. 아이가 자신만의 리듬으로 커가는 것을 마냥 기다려줄 수 없다. 어렸을 때부터 가장 효율적인 스케줄을 만들어 아이를 관리하기 시작한다. 하지만 그렇게 자란 아이는 차곡차곡 차오르는 자신의 감정을 발산할 기회를 잃어버린다.

때를 놓친 것이다. 공부에 대부분의 시간을 **빼**앗기며 무덤덤한 감정의 결들을 느껴야만 한다. 부모가 만든 유리온실 속에서 그 시기에 꼭 한 번은 느껴야 할 감정들로부터 차단당한다. 삶의 균형이 처음부터 깨지는 것이다. 물론 부모들은 이렇게 주장한다.

"모든 것은 대학에 들어가서 해도 늦지 않다. 지금은 공부에만 집중해라."

그러나 세상에는 그때 반드시 하지 않으면 안 되는 것들도 있다. 자연은 우리에게 늘 가르쳐준다. 봄이 봄답지 않았을 때 어떤 일이 생기는가를. 여름이 덥지 않거나, 겨울이 겨울답게 춥지 않으면, 이듬해 어떤 일이 생기는가를. 때에 맞지 않는 계절은 가뭄과 홍수, 한파와 폭설이라는 또 다른 기상이변을 부를 뿐이다.

너무 빨리 달리느라 풀지 못하고 지나친 마음, 드러내야 할 때 드러내지 못했던 감정들은 언젠가 그 모습을 드러내고야 만다. 그것도 왕따나 학교폭력 같은 아주 비정상적인 모습으로. 억눌렸던 분노와 슬픔의 감정이 엉뚱한 기회에 엉뚱한 사람들에게 표출되는 것이다. 잊을 만하면 신문지면을 장식하는 고위 관료들의 이상한 일탈도 마찬가지다. 대로변에서 여고생을 보며 음란행위를 하다 붙잡힌 검사장이나, 자신의 부하 직원에게 한 대에 1,000만 원씩 매 값을 주고 폭력을 행사하는 CEO의 이야기는 잉여된 감정이 폭주하는 한국사회의 씁쓸한 자화상일 수도 있다.

그러나 지금은 빠른 것이 인정받는 시대다. 조기교육, 고속취업, 고속승진이 성공의 키워드가 됐고 빠른 생각과 빠른 판단, 빨리 움직이는 사람을 부지런하고 능력 있다고 여기는 세상이다. 그러나 자연에서 빠른 것은 '비상사태'를 의미한다. 동물들이 쏜살같이 움직일 때는 오직 한 순간뿐이다. 자기를 잡아먹으려는 맹수를 피할 때, 아니면 맹수처럼 먹이를 쫓을 때다. 먹느냐 먹히느냐 하는 사생결단의 순간에만 동물들은 미친 듯이 뛴다. 대자연이 빨라질 때는 대부분 재앙에 가까운 상황일 때다. 바람이 빨라지면 태풍이 되고, 비가 빨라지면 폭우가 오거나 홍수가 난다. 땅은 빠르게 움직일수록 규모가 큰 지진이 된다.

그렇게 우리는 늘 죽음에 쫓기는 동물처럼, 죽음을 몰고 다니는 야수처럼 살고 있다. 매일 같이 불안에 헐떡이면서 몸과 마음의 에너지를 너무 빨리 소비한다. 빠른 호흡을 쫓아가지 못하면 낙오자 취급을 받고, 낙오한 자신을 쓸모없게 생각한다. 온 사회가 1명의 빠른 천재를 만들기 위해 99명이 좌절감을 맞봐야 하는 재앙을 만들어낸다. 정작 자신이 왜 그렇게 살아야 하는지도 모르는 채.

자연의 입장에서 보면 인간이야말로 가장 부자연스러운 존재인지도 모른다. 그럼에도 '빠름'은 이미 부정할 수 없는 이 시대의 가치가 되었다. 나의 속도와 상관없이 세상은 점점 더 빠르게 돌아가고 있다. 이런 현실 속에서 느림의 미학이 역설적으로 주목받고 있지만 그 가치와는 별개로 대안이 되기는 힘들어 보인다. 모든 것이 빠르게 흘러가는 시대의 흐름 속에서 '정말 느리게 사는 것'은 현실의 흐름에서 뒤처져 낙오할 수도 있다는 위험을 전제하고 있기 때문이다. 이 사회에서 태어나 앞으로도 살아갈 수밖에 없는 대다수의 사람들에게는 쉽지 않은 선택이다.

어쩌면 우리에게는 다른 종류의 빠름이 필요한지도 모른다. 그것이 바로 시간을 압축시키는 '직관의 빠름'이다.

우리는 주변에서 놀라운 '생활의 달인'들을 종종 만난다. 초밥의 장인은 손끝에 눈이 달린 것처럼 언제나 똑같은 숫자의 밥알을 집는다. 초밥을 손에 쥐는 것만으로 밥알의 상태와 맛을 알 수도 있다. 뛰어난 정비사는 차의 시동을 걸고 엔진음을 듣는 것만으로 차의 어디가 잘못되었는지를 알아낸다.

우리가 이성을 통해 대상을 알아가는 데는 일정한 시간이 필요하다. 세밀히 한 단계씩 거쳐 올라가야 하며 그 단계가 미심쩍을 때는 다음으로 나가지 못하고 다시 처음부터 검토하며 문제를 해결해야 한다. 그러나 내 몸이 익혀온 감각은 이 모든 과정을 단번에 압축해버린다. 그들에게는 일일이 초밥의 무게를 달아보거나, 자동차를 모두 분해해야 하는 번거로운 과정이 필요 없다. 머리로 확인하기 전에 몸이 먼저 반응하기 때문이다.

몸이 낼 수 있는 육체의 속도는 나이와 함께 쇠락해가지만 오랜 시간 동안 단련된 몸의 감각들은 연륜이 쌓일수록 가속도가 붙는다. 그리고 그 속도가 극점에 다다르는 순간, 감각은 나의 이성적 판단을 넘어 타인과 대상을 향해 좀 더 커다란 감각의 안테나를 펼치게 된다. 그랬을 때 감각은 하나의 기교를 넘어 세상과 소통할 수 있는 직관의 힘으로 성장한다. 그 직관의 힘이 바로 내가 노력으로 만들어낼 수 있는 첫 번째 '직관의 빠름'이다.

이런 직관이 대상을 분석하고 해석하는 것이 아닌, 새로운 해답을 찾으려고 할 때 인간의 역사는 극적인 변화를 맞아왔다. 무엇인가 현실에 안착되어 아무런 의심 없이 만족하며 쓰이고 있을 때, 이성의 정점에서 더 이상 새로운 것을 생각해내지 못하고 있을 때, 직관은 그 편안함과 익숙함을 뛰어넘는 낯설고 새로운 것들을 찾아낸다. 직관의 위력을 알고, 이를 삶 속으로 적극적으로 끌어들인, 그리고 다른 이들에게 영감을 불러일으켜준, 직관의 장인이라 부를 만한 니콜라 테슬라와 칼 구스타브 융의 이야기이다.

간절히 원하는 것을 보여주는 테슬라의 직관

"이 기계는 사람들이 각자 주머니에 넣고 다닐 수 있는 간단한 장치로 세계 각국의 뉴스와 특별한 메시지를 주고받을 수 있을 것이다…. 원거리 전화와 원거리 영상으로 마치 얼굴과 얼굴을 맞댄 것과 다름없이 교신할 것이며 사람들은 윗옷 호주머니에 그 TV 전화기를 넣고 다닐 것이다."

이것은 지금은 너무나 당연한 일상이 된 스마트폰을 묘사하는 말이다. 문제는 이 멘트가 나온 시기다. 1904년, 그러니까 지금으로부터 100여 년 전 '천재 과학자'로 불렸던 니콜라 테슬라는 마치 옆에서 본 것처럼 스마트폰의 출현을 예고했다.

그는 이제 막 집 안에 전기가 들어오기 시작한 20세기 초반에, 심지어 지금에서야 상용화 단계인 무선 전기송전 기술을 연구해 실제로 수백 개의 전등을 무선으로 밝히기도 했다. 당시 사람들의 눈에는 정말 '마법'으로밖에 보이지 않았을 것이다. 이외에도 원격조종 로봇을 구상하고, 헬리콥터의 원형을 만들었으며, 무인 자동차를 연구하는 등 당시의 기술로는 도저히 이해할 수 없는 기상천외한 연구들을 시도했다. 그리고 이들 중 상당수는 이미 우리 삶 속으로 깊숙이 들어와 있다.

대표적으로 우리가 지금 가정에서 쓰고 있는 220V 교류식 전기시스템을 만든 사람도 바로 테슬라다. '전기' 하면 우리는 에디슨만 떠올리기 쉬운데, 에디슨은 직류식 전기를 만들었고 테슬라의 교류식 전기와의 경쟁에 패배했다. 직류식 전기는 원거리 전송이 비효율적이고 변압이 힘들었기 때문이다. 반면 테슬라의 교류식 장치는 고전압으로 원거리 전송을 할 수 있고, 변압도 손쉬워 전 세계 전기시스템의 표준이 되었다. 이외에도 형광등, X-레이, 라디오, 전동기, 수력발전, 고주파, 레이저, 레이더 등 테슬라가 일생 동안 받은 특허는 272개에 달했다. 만약 테슬라가 없었다면 지금 우리가 누리고 있는 과학문명의 발전이 상당 부분 늦어졌거나 형태가 변했을 것이다. 말 그대로 그는 20세기의 가장 비범한 천재였다.

그는 1856년 지금의 크로아티아 지역에서 태어났다. 아버지는 성직자였고 어머니는 마을의 소문난 발명가였다. 테슬라의 어머니는 학교를 다닌 적이 없었지만 가재도구나 농사에 필요한 도구를 직접 발명해서 쓸 정도로 재능이 있었다고 한다.

테슬라의 어린 시절에 관한 에피소드들 중에 특이한 것이 있다. 물에 빠져 익사할 위험에 처하거나, 뜨거운 우유통에 들어가 산 채로 익을 뻔하는 등 의사로부터 살아날 가망이 없다는 판정을 세 번이나 받았다고 한다. 그렇게 세 번이나 죽을 고비를 넘겼기 때문일까? 죽음과 같은 극단적인 위기는 때로 온몸의 센서를 한꺼번에 열어버린다.

어린 시절의 어느 날, 테슬라는 삼촌과 함께 강변을 걷다가 갑자기 뜬금없는 말을 했다.

"조금 있다가 물에서 송어가 뛰어오르면 나는 돌로 그걸 맞힐 거예요."

실제로 그 일은 벌어졌고, 삼촌은 겁에 질린 나머지 그를 '사탄'이라고 불렀다. 그는 멀리 떨어져 있던 어머니의 죽음을 직접 보기도 했다. 갑자기 하늘 위에 아름다운 음악과 함께 어머니의 형상이 나타났고,

그것이 사라졌을 때 어머니가 돌아가셨다는 사실을 직감했다고 한다. 보통 사람이라면 이런 자신에 대해 혼란스러워하거나, 정신적으로 문제가 있다고 생각할 것이다. 그러나 테슬라는 자신이 가진 남다른 감각과 직관을 두려워하기보다 오히려 연구와 발명에 적극 활용했다.

그는 어렸을 때부터 청각과 시력이 남달리 예민했다. 과장이 섞인 것 같긴 하지만 사람이 들을 수 없는, 아주 먼 곳에서 치는 천둥번개도 들을 수 있었고, 남들이 보지 못하는 하늘의 색을 볼 수 있었다고 한다. 그는 이런 감각을 의식적으로 더 개발하려고 애썼다. 또한 꿈을 꾸지 않고도 눈앞에서 뭔가를 볼 수 있는 특별한 능력을 가지고 있었는데 이를 '시각화visualization'라고 불렀다. 앞으로 일어날 사건이나, 구상 중인 발명품의 모습을 선명한 이미지로 보는 것이다.

테슬라는 자신의 발명품 대부분이 이런 시각화 과정을 거쳤다고 말했다. 그 대표적인 것이 바로 그의 인생을 바꾼 교류 전동장치다. 테슬라는 직류 전동장치의 문제점을 보완하려고 수년간 연구에 매달렸지만, 답을 찾기가 어려웠다. 그의 지도교수를 비롯한 전문가들은 그의 구상이 불가능하다는 말만 했다. 하지만 테슬라는 분명히 해답이 있을 거라고 생각하고 포기하지 않았다. 그러던 어느 날 그는 부다페스트 공원에서 친구와 산책을 하던 중 갑자기 선명한 이미지를 보았다.

"그 아이디어는 마치 번갯불처럼 나타났고 그 순간 진실이 모습을 드러냈다. 나는 모래 위의 막대기를 집어 그것을 그렸다. 내가 본 그 이미지는 놀라울 정도로 정확하고 명료했으며 견고했다. 나는 내 친구에게 '여기 내 모터를 보라.'고 말했다."

간절히 원하는 답을 보여주는 것. 이것이 직관이 가진 놀라운 힘이다. 테슬라는 자신의 시각화 능력을 처음에는 두려워했지만 나중에는 그것이 축복받은 재능이라는 것을 알게 되었다. 그리고 그 후로는 '조절하는' 방법을 익혔다고 한다. 궁금한 것이 생기면 그것을 꿈속에 넣어 해답을 찾는 법도 알게 되었고, 덕분에 그는 평생 동안 272개라는 상당한 숫자의 특허를 세상에 내놓을 수 있었다.

테슬라는 평생 서너 시간밖에 자지 않고 연구에 몰두한 워커홀릭으로도 유명하다. 결혼도 하지 않았다. 그러나 한쪽이 너무 발달하면 다른 한쪽은 반드시 무너지기 마련이다. 테슬라의 직관은 온통 발명에만 쏠려 자신을 돌보는 일에는 제대로 발휘되지 않았던 것 같다. 게다가 그는 돈이 되는 발명에는 관심이 별로 없었고, 자신의 발명을 돈으로 만드는 데도 수완이 없었다. 화석연료 없이 전 세계에 친환경 무료전기를 공급하겠다는 평생의 꿈 역시, 결국 이루지 못했다. 테슬라는 말년을 가난하고 외롭게 보내다가 결국 호텔방에서 혼자 숨을 거뒀다. 그러나 그의 아이디어는 이후 차례차례 세상의 빛을 보기 시작했고, 오늘날 테슬라는 시대를 앞서간 천재 과학자로, 마르지 않는 영감의 원천으로 새롭게 주목받고 있다.

의미 있는 우연을 만드는 보이지 않는 힘

융은 유능한 정신과 의사이자 분석심리학을 창시한 정신의학계의 대가였다. 동시에 놀라운 직관의 소유자이기도 했다. 융의 아버지는 목사였고 어머니 역시 목사의 딸이었는데, 그녀의 집안은 대대로 신비한 능력을 가졌다고 소문난 프라이스베르크 가※였다. 융의 외할아버지인 자무엘 목사는 종종 서재에서 유령과 친밀하게 대화를 나눴고 미래에 대한 환상을 보곤 했다. 게다가 외할머니는 죽다 살아나는 임사체험을 한 다음, 자신의 전생에 대한 얘기를 하고 미래를 예언했다. 외가 쪽으로 이런 친척들이 한두 명이 아니었다.

융 자신도 어렸을 때부터 특별한 꿈을 꾸고 남들은 보지 못하는 것들을 보곤 했다. 1차 세계대전을 앞두고 대규모 재앙에 대한 환상을 보았고, 자기 안의 또 다른 인격의 목소리를 들었다는 기록도 있다. 융은 이런 체험을 통해 이성으로는 설명할 수 없는 거대한 세계가 인간의 내면에 있다는 것을 알았던 것 같다. 그리고 그것을 객관적인 과학의 언어로 파고들기 시작했다. 그 자신이 어린 시절 꾸었던 꿈을 집요하게 분석하기도 했다. 자신의 직관을 탐구대상으로 삼은 것이다. 이런 과정을 통해 그는 그 누구도 생각하지 못했던 놀라운 이론들을 발표했다.

대표적인 것이 '집단 무의식' 이론이다. 인간의 무의식 심층에는 개인의 경험을 넘은 집단 무의식이 존재한다는 주장이다. 옛 조상들의 경험이 쌓여 사람들의 무의식으로 전승된다는 것이다. 융은 신화, 전설, 민담 등에 이런 집단 무의식의 원형이 녹아들어 있다고 보았다. 그리고 이런 집단 무의식은 꿈을 통해 나타난다고 설명했다.

모든 개체 안에 내재하고 있지만 동시에 개체를 넘어서는 무의식. 그 역시 인간을 '연결된 존재'로 보았다. 프로이트가 개인의 무의식을 파고든 데 반해, 융은 인간의 내면에 우주와 연결된 거대한 데이터베이스가 있다는 사실에 주목했다. 이런 그의 생각을 엿볼 수 있는 또 하나의 개념이 '동시성synchronicity'이다. 간단히 말하면, 의미 있는 우연에는 보이지 않는 힘의 작용이 있다는 것이다. 전날 좋은 꿈을 꿨는데 다음 날 생각지도 못했던 좋은 일이 생기고, 누군가에게 오랜만에 문자를 보내려고 하는데 마침 그 순간 그에게서 전화가 온다. 이성적으로는 전혀 무관한 듯 보이는 두 사건이 의미 있게 전개되는 배후에는 인간이 알지 못하는 섭리가 작동한다는 것이다. 실제 그는 동시성의 신비로움을 직접 체험하기도 했다.

어느 날, 융은 초청 강연을 끝내고 근처 호텔에서 잠을 청했다. 그날따라 이상하게 마음이 불안하고 잠도 잘 오지 않았다. 한밤중에 간신히 잠을 청했는데 갑자기 깜짝 놀라 잠에서 깼다. 누군가 방에 들어온 기척을 느낀 것이다.

'나는 즉시 불을 켜고 살펴보았으나 아무도 없었다. 누가 잘못 알고 문을 열었나 싶어 복도도 조사해보았다. 그러나 복도는 쥐 죽은 듯이 고요했다. 이상하군, 누군가 방으로 들어왔는데…. 나는 이렇게 생각하며 좀 전에 일어난 일을 돌이켜 기억해내려고 애를 썼다. 그러자 내 이마와 뒷머리가 어떤 물체에 맞은 듯한 묵지근한 통증 때문에 내가 눈을 떴다는 사실이 떠올랐다. 다음 날 내 환자 중 하나가 우울증으로 자살했다는 전보를 받았다. 그는 총으로 자살을 했다. 나중에 나는 탄환이 그의 뒷머리에 박혀 있었다는 이야기를 들었다.'

그는 그날의 경험을 전형적인 동시성 현상이라고 설명하고, 자신의 무의식이 환자의 상태를 이미 알고 있었다고 말했다.

융은 이런 '의미 있는 우연'을 알아볼 수 있는 직관이 발달한 사람이었다. 그는 이성적으로 설명할 수 없는 직관의 세계를 직접 체험했지만, 이를 두려워하거나 터부로 여기지 않았다. 오히려 의식으로 세계와 인간을 완벽히 이해할 수 있다는 '합리주의'를 경계했다. 융에게 발딛고 있는 이 대지는 '비밀로 가득 찬 세계'였다. 이성적으로 설명할 수 없고 알 수도 없지만, 그런 세계를 인정하고 탐구하는 태도를 가질 때 우리의 세계와 삶은 온전해질 수 있다고 보았다. 이러한 그의 열린 자세는 불교와 도교를 넘나드는 등 철학과 종교의 경계를 허물고, 시대를 앞서가는 저작들을 만들어낸 원동력이 되었다. 그리고 시간이 흐를수록 그의 생각들은 수많은 철학자와 과학자, 종교인들에게 새로운 시각과 영감을 주고 있다.

테슬라와 융의 공통점은 '원천 콘텐츠'를 세상에 내놓았다는 점이다. 그들은 이성과 더불어 직관을 깨우고 단련시키며 이전까지 세상에 없었던 무엇인가를 발견하거나 창조해냈다. 그들이 보여준 것들은 언제나 주류의 현실을 넘어 시대를 앞서갔고, 오랜 세월이 지난 지금까지도 많은 사람들에게 신선한 자극과 깨달음을 주고 있다.

빛의 속도에 가까워질수록 시간이 느리게 흘러가는 것처럼, 빛처럼 번쩍이며 찾아오는 영감의 순간은 수십 년의 세월을 뛰어넘는 결과물을 만들어낸다. 그렇게 건너뛴 시간만큼 그들의 삶은 시대를 앞섰고 세상은 그 뒤를 따라야 했다. 남들보다 앞서 생각한 만큼 그들의 시간은 느리게 흐를 수 있었던 것이다. 타임머신 같은 이런 빠름이 바로 두 번째 직관의 빠름이다. 그리고 직관을 통해 얻을 수 있는, 세상을 느리게 사는 방법이기도 하다.

직관은 우리 모두가 가지고 있는 힘이다. 지능이나 재능처럼 후천적인 노력으로 더 잘 드러나기도 한다. 어느 한 분야의 장인으로 불리는 사람들은 하나 같이 본능적인 감각을 발달시킨 사람들이다. 어떤 대상에 생각과 마음을 쏟으면 자연스럽게 소통의 벽이 허물어지기 마련이다. 도공은 그릇과 얘기하고 곤충학자는 곤충과 대화한다. 건축가들은 집이 자신에게 속삭인다고 말한다. 다른 건 몰라도 그 분야만큼은 고성능의 안테나를 갖게 된다는 말이다.

두뇌는 사람마다 다르지만 자연과 소통하는 직관의 힘은 누구나 공평하게 가지고 있다. 다만 우리가 우리 안에 있는 직관의 힘을 잘 믿지 않는 데다, 그것을 풀어내는 힘이 미약할 뿐이다.

그러나 나는 한 가지만은 믿는다. 그들처럼 역사를 바꾸지는 못할지라도 내 삶의 한 획 정도는 그을 수 있을 거라고. 모든 사람은 자신에 대해서는 세상 누구보다도 잘 알고 있는 '나의 전문가'다. 초밥의 달인이나 테슬라가 아니더라도, 적어도 '나'라는 분야만큼은 누구보다 뛰어난 이해와 감각을 가지고 있다. 그런 감각들이 직관으로 성장해나갈 때, 내 삶의 속도는 좀 더 자유로워질 것이다. 직관의 세상 속에서 비로소 우리는 자신에게 가장 잘 맞는 속도로 자신의 삶을 만들어갈 수 있다.

Part 2.

숨겨진 세상을
보고 듣고 느끼는 법

그녀에게서 차향기가 났다

하늘에서 내린 비는 온갖 나무와 돌과 흙을 적신다.
그리고 다시 땅으로 스며들어 생명을 키워나간다.
자연이 마시는 물은 그냥 빗물이 아니라
스스로를 우려낸 찻물인 셈이다.
자연에서는 늘 차향기가 난다.

그녀에게서는 항상 차향기가 났다. 곁에 있으면 진한 화장품이나 향수 냄새 대신 은은한 차향이 풍기곤 했다. 더운 여름에도 땀 냄새 대신 풋풋한 차 냄새가 날 정도였다. 말투나 행동도 맑은 찻물처럼 언제나 고요했다. 그녀는 쉽게 감정을 드러내지 않으면서도 가끔씩 수줍게 웃곤 했다. 학교의 고전 스터디 모임에서 만날 때마다 그녀의 손에는 항상 텀블러가 들려 있었다. 안에는 커피 대신 이름 모를 차들이 은은한 향기를 풍겼다. 멀리서 조용히 지켜만 보다가 하루는 용기를 냈다. 나는 손에 들고 있던 바나나 우유를 내려놓고 그녀에게 다가갔다.

"그건 무슨 차야?"

"한 잔 마셔볼래요?"

그녀가 선뜻 찻잔을 건넸다. 부드럽고 따뜻한 차가 조용히 몸속으로 흘러들어왔다. 낯설었지만 기분 좋은 맛이었다. 그런데 맙소사. 장이 요동을 치더니 곧바로 화장실로 달려가고 말았다. 당혹스러웠지만 한 편으로는 호기심이 발동했다. 이 차의 정체는 도대체 뭘까?

그녀에게 더 많은 것을 묻고 싶었지만 뜻대로 되지 않았다. 스터디 가 끝나고 다 같이 모일 때마다 그녀는 약속이 있다며 먼저 자리에서 일어섰다. 여자 후배들은 그런 그녀를 은근히 멀리했지만 그녀는 별로 신경 쓰지 않는 눈치였다. 그리고 방학이 시작되면서 우리는 자연스레 헤어졌다.

그 여름 동안, 내게는 많은 일들이 일어났다. 고전 공부를 제대로 하 고 싶어 지원했던 연구원 자리는 마지막 면접에서 탈락했다. 아버지 사 업은 잘 안됐고, 덕분에 낯선 곳으로 이사까지 하게 됐다. 졸업은 코앞에 다가와 있었지만 스펙은 별 볼 일 없었고 공부를 더 하고 싶었지만 '네 앞가림부터 하라.'는 주변의 압박이 무거운 돌덩이처럼 가슴을 짓눌렀 다. 나를 보호해주던 안식처가 조금씩 사라지고 있는 기분이었다.

그렇게 갈피를 못 잡고 있던 무렵, 잊고 있던 그녀에게서 전화가 왔다. 고전 공부를 다시 하고 싶다며 둘만의 스터디를 부탁한 것이다. 그녀의 차향기가 생각났다. 뜻밖이었지만 싫지는 않았다. 마치 오래 전에 했던 약속을 떠올린 것처럼 우리는 다시 만났다. 그렇게 둘만의 공부를 하면서 궁금했던 그녀의 차를 함께 마시기 시작했다.

알고 보니 차는 참으로 번거로운 음료였다. 우선 뜨거운 물이 필요했고, 여러 가지 도구가 있어야 했으며, 우릴 수 있는 공간이 필요했다. 처음에는 그 기동성 떨어지고 번잡한 마실 거리에 매력을 느낄 수 없었다. 카페인이 가득 든 인스턴트 음료에 익숙한 내 입맛에, 그 밋밋하고 텁텁한, 언제나 따뜻한 차의 맛이 좋을 리 없었다.

그리고 그녀의 비밀을 한 가지 더 알게 됐다. 함께 밥을 먹지 않는 이유가 약속 때문이 아니라 음식 때문이라는 사실을. 그녀는 화학조미료나 인공첨가물이 들어간 음식은 먹지 않으려고 했다. 그러니 밖에서 사먹을 수 있는 음식이 없을 수밖에.

그녀와 함께 있을 때는 외식을 할 수도 없었고 흔한 음료수 한 잔 마실 수 없었다. 나 혼자 먹어도 상관은 없었지만 가녀린 그녀를 놔두고 그럴 수는 없었다. 오직 그녀가 싸온 차와 가벼운 다식만을 함께 먹을 뿐이었다. 거기다 그녀는 걷는 걸 무척 좋아했다. 굽이 없는 플랫슈즈를 신고 편한 바지를 즐겨 입던 그녀는 비가 오나 눈이 오나 걷고 또 걸었다. 나는 걷는 걸 싫어했지만 공부가 끝난 어두운 밤에 그녀를 홀로 걷게 할 수는 없었다. 마을버스를 타고 20분이면 갈 수 있는 지하철 역까지 1시간 동안 함께 걸었다. 만날 때마다 그랬다.

그날도 배고픔에 지쳐 무거운 발을 끌고 그녀와 함께 터벅터벅 걷고 있을 때였다. 다음 달이면 졸업이었고, 그녀와 스터디를 할 수 있는 시간도 얼마 남지 않았었다. 나는 함께 걷고 있는 그녀에게 연암 박지원에 대해 열심히 설명하던 중이었다. 그런데 갑자기 입만 살아서 걷고 있는 나에게 그녀가 말없이 자신의 발걸음을 맞추기 시작했다. 그리고 눈을 마주치며 조용히 말했다.

"선배는 생각하고 글을 쓰고 있을 때 가장 아름다운 소리가 나요. 그 아름다운 소리를 선배도 들을 수 있었으면 좋겠어요…."

그녀의 말 속에서 따뜻한 온기가 전해졌다. 그 알듯 모를 듯한 소리는 하루 종일 내 귓가를 맴돌았다. 그때부터였을까. 나는 그녀를 보면 가슴이 설레기 시작했다. 그녀를 생각하면 배가 아프고 가슴속에서 뭔가 따뜻한 울림이 일어나는 것 같기도 했다. 때로는 그녀에게서 시간이 천천히 가는 것 같은 느낌이나, 무언가를 따뜻하게 데우고 있는 것 같은 포근함이 느껴지기도 했다. 정확히 표현할 수는 없지만, 그런 그녀만의 리듬은 언제나 나를 편안하게 만들어주었다. 그렇게 그녀를 몰래 느끼던 어느 날, 그녀가 미소 지으며 말했다.

"선배, 저희 집에 차 마시러 갈래요?"

눈이 펑펑 내리던 날, 나는 그녀의 집에 초대받아 가게 되었다. 가족에게 '남자'를 보여주는 건 내가 처음이라고 했다. 기쁨에 겨워 현관에 들어서자 익숙한 향이 물씬 풍겼다. 늘 그녀에게서 나던 은은한 차향기였다. 거실 한가운데 놓인 커다란 나무 다탁(차를 마시는 탁자)을 중심으로, 온갖 차항아리가 차곡차곡 쌓여 있었다. 한편에는 수십 개의 다관들이 줄지어 있었다. 커다란 돌들과 약초 꾸러미들도 군데군데 보였다. 바깥에서 보면 분명히 평범한 아파트인데, 내 눈에는 요정이 튀어나올 것 같은 안개 낀 숲처럼 보였다. 갑자기 방 안에서 노루가 걸어나와도 전혀 이상할 것 같지 않은 분위기였다.

그 신비스러운 분위기 속에 그녀의 어머니가 계셨다. 단아하게 쪽을 지어 올린 머리에 투명하고 밝은 얼굴이 그녀만큼 아름다운 분이셨다. 어머니는 나와 그녀를 다탁 앞에 앉히고 자신은 반대편에 앉아 차를 우리기 시작했다. 뜨거운 물줄기가 긴 곡선을 그리며 다관 안으로 채워지면 그윽한 차향이 수증기와 함께 퍼져나갔다. 그동안 텀블러나 간단한 다구(차를 우리는 도구)를 사용한 차만 마시다가, 잘 갖춰진 다구와 고수의 우아한 손놀림을 처음으로 목격한 나는 금세 그 풍경에 빠져들었다. 대화를 하는 오랜 시간 동안 한 치의 흐트러짐 없이 팽주(차를 우리는 사람) 역할을 하는 그분에게는 부드러웠지만 범접할 수 없는 뭔가가 있었다. 이 압도적인 분위기는 무엇일까.

"이 차가 어디로 가는지 한번 느껴봐요."

한참 이야기를 나누다가 그녀의 어머니가 말했다.

"네…. 배로 갑니다."

재빠르게 대답하긴 했지만 뭔가 이상했다.

그분이 조용히 웃었다.

"차는 단순히 나뭇잎을 우려낸 물이 아니에요. 태양, 풀, 흙이라는 자연의 기운을 가득 담은 물이죠. 자연이 마시는 모든 물들은 그냥 빗물이 아니라 찻물인 셈이에요. 하늘에서 비가 내리면 온갖 나무와 잎과 초목을 적시고, 그 물들이 다시 땅으로 스며들어 생명을 키워나가니까요."

마찬가지로 차는 자연의 일부인 내 몸도 키워준다고 했다. 땅 위에 부는 비와 바람처럼 내 몸 구석구석을 적시며 막히고 고여 있던 것을 순환하게 해준다. 그러니 그 비와 바람이 내 몸속 어디에서 불고 있는지 느껴보라는 얘기였다. 물론, 30년 가까이 술과 각종 인스턴트 음식에 길들여진 내 몸이 알아챌 리가 없었다. 더구나 한 번도 내 몸 안에 그런 자연이 있다는 생각을 해본 적이 없었다. 그런데 그분의 이야기를 들으며 나는 처음으로 상상하기 시작했다. 내 몸 안에도 산이 있고 바다가 있고 초목이 움트는 자연이 있다는 것을. 상상만으로도 아름다운 일이었다.

그날 이후 나는 집에서도 혼자 차를 마시기 시작했다. 그녀의 어머니가 주신 차에 내가 조금씩 사 모은 다구들로 밤이 새도록 차를 만들어 마셨다. 덕분에 똑같은 차도 어떤 흙으로 만든 다관인지, 팽주는 누구인지에 따라 맛이 달라진다는 것을 알게 됐다. 그로부터 10여 년이 지난 지금은 '이 차가 어디로 가는가?'란 질문에 좀 더 긴 대답을 할 수 있게 됐다.

내 나이만큼 오랫동안 발효된 차를 마시면 따뜻한 바람이 온몸을 휘감으며 등줄기에 땀이 나기 시작한다. 봄에 핀 꽃을 차로 우리면 가슴을 막고 있던 답답한 기운이 퍼지며 머리를 시원하게 해주는 것을 느낀다. 때로는 삶의 무거운 짐을 내려놓고 그 자리에서 앉아 쉬고 싶은 마음에 잠시 잠겨보기도 한다. 울적할 때도, 화가 날 때도, 무언가 그리울 때도, 나는 차를 마신다. 그 느리고 수고로운 과정 속에서 나를 천천히 들여다보고, 또 기다려본다. 찻물의 농도가 점점 옅어질 무렵이면, 내 마음속 슬픔도, 고단함도 빗물에 씻겨 내려간 듯 가벼워지곤 한다. 그렇게 나는 차를 마시며, 내 안의 자연과 마주하게 된다.

어느새 차는 나와 '평생을 함께하고 싶은 친구'가 되었다. 그 맑고 향기로운 인연 덕분에 나는 평생을 함께할 두 사람도 얻었다. 차 선생님이었던 그녀는 아내가 됐고, 새로운 세상을 일깨워준 그녀의 어머니는 장모님이 됐다. 나의 고마운 스승, 두 명의 선생님이다.

오장육부 비실이똥

나지막이 속삭이는 몸의 소리가 들릴 때
말없이 울리는 세상의 소리도 들을 수 있다.
볼륨을 높이면
삶은 웅장한 오케스트라가 된다.
힘들고 아픈 사람들 모두가
내 삶의 단원이 된다.

아내와의 결혼이 결정되고 난 어느 날, 선생님의 지인들과 차를 마시
게 됐다. 오랜 시간 선생님과 친분을 맺어온 그들은 마치 제2, 제3의
선생님 같았다. 모두가 온화하면서도 깊은 눈을 가지고 있었다. 한참
동안 그들만의 담소를 나누던 지인 중에 한 분이 보릿자루처럼 앉아
있던 내게 입을 여셨다.

"무슨 남자가 이렇게 비실해?"

"네!?"

"아니야. 비실이가 뭐야, 비실이똥이지."

"제가요?"

"비실비실한 게 남자 구실이나 할지 모르겠네. 우리 조카아이도 자네처럼 비실이였지."

"…."

조용하던 자리는 갑자기 '비실이' 얘기로 활기를 띄기 시작했다. 농담인지 진담인지 알 수 없는 진지한 표정으로 계속된 대화의 결론은 내가 그냥 '비실이똥'도 아니고 '오장육부 비실이똥'이라는 것이었다.

그날부터 처가에서 내 별명은 '오장육부 비실이똥'이 되었다. 비록 아담한 체구였지만 체력에는 나름 자신 있던 시절이었다. 그런데 다짜고짜 오장육부 비실이똥이라니 굴욕도 이런 대굴욕이 없었다. 그날 밤, 소심한 나는 잠을 이루지 못했다.

'내가 어딜 봐서 비실이똥이지? 그들만의 농담인가? 아니면 무슨 의미가 있는 걸까? 그래도 너무들 하신 거 아냐…?'

상념은 꼬리에 꼬리를 물고 이어졌다. 그런데 생각해보면 이런 당황스런 경험은 처음이 아니었다. 내가 처가에 정식으로 인사를 드리러 온 날도 그랬다. 선생님은 나를 보자마자 먹으라며 산낙지를 통째로 내미셨다. 평소에 육회나 생선회를 먹는 사람들을 보면서 잔인한 녀석들이라고 놀리며 먹지 않던 나였다. 하지만 그날 나는 웃으며 말했다.

"남자라면 이 정도는 먹어줘야죠."

그리고 입안에서 꿈틀거리며 목젖을 건드리는 산낙지 때문에 몇 번이나 토할 뻔했다. 그것이 처가에서 먹은 첫 번째 음식이었다. 집에 돌아갈 때쯤 선생님은 내게 산낙지를 먹인 이유를 설명해주셨다.

"자네는 다리가 없어. 있지만 없는 것처럼 힘이 하나도 없다는 얘기야. 그래서 다리가 많은 낙지를 먹였던 거네."

그 얘기를 들으며 내색하지는 않았지만 속으로는 무척 황당했다.

'낙지에 다리가 많은 것과 내 다리가 무슨 상관이람? 그렇다면 눈이 좋은 동물을 먹으면 눈이 좋아지고, 힘이 센 동물을 먹으면 힘이 세지겠네!? 그럼 돼지를 먹으면 다리가 짧아지는 건가?'

이해할 수 없는 말이었지만 조용히 듣고만 있었다.

그런데 이해할 수 없는 일은 이것뿐만이 아니었다. 그녀들은 도대체 뭘 어떻게 한 건지, 내가 먹은 음식들을 거의 정확히 알아냈다. 연애를 시작한 지 얼마 안 된 어느 날, 아내는 내 얼굴을 빤히 보더니 말했다.

"점심때 뭐 매운 거 먹었어요?"

나는 속으로 화들짝 놀랐다.

'점심때 친구들과 매운 떡볶이를 먹었는데 어떻게 알았지?'

화장실에 가서 입 주변을 살펴봤지만, 아무리 봐도 고춧가루 같은 건 묻어 있지 않았다. 선생님은 한술 더 떴다. 술자리가 있어 술이라도 한잔하고 온 다음 날에는 근처에 가기만 해도 "속이 쓰리다."며 고개를 절레절레 저었다. 마치 내 몸 상태를 그대로 느끼는 것처럼.

'도대체 이게 어떻게 가능한 거지? 나를 미행한 것도 아니고. 내 시경으로 들여다본 것도 아닌데….'

더 놀라운 것은 선생님이 내 감정까지 읽어낸다는 사실이었다. 결혼 전 어느 날, 그녀의 집에 놀러 가 함께 차를 마시고 있었는데 선생님이 조심스럽게 말했다.

"자네 뭔가 화나는 일이 있었나 보네? 무슨 일인지 몰라도 기분 풀어."

"무슨 일은요, 별 일 없었어요."

그러나 마음속으로는 뜨끔했다. 이곳에 오기 전에 상당히 기분 나쁜 일이 있었기 때문이었다. 며칠 동안 공들여 써놓은 글에 대해 관계자로부터 '인신공격'에 가까운 지적을 당했던 것이다. 피가 거꾸로 솟는 듯했지만 언쟁하고 싶지 않아 조용히 자리를 피했다. 이곳에 와서도 혹시 신경 쓰실까 봐 일부러 내색하지 않았다. 그런데 이번에도 선생님께 다 들키고 만 것이다.

처음에는 내 표정이나 분위기를 보고 어림짐작한 게 아닌가 싶었다. 그러나 시간이 지날수록 그것이 단순한 '관찰의 영역'이 아니라는 것을 알게 되었다. 선생님은 마치 내 몸과 마음을 당신의 것처럼 고스란히 느끼고 있었다. 내가 옆에서 머리가 아프면 실제로 두통을 느꼈고, 왼쪽 배가 아프면 똑같은 복통을 느꼈다. 스트레스를 받아서 가슴이 답답하고 심장이 조이는 증상이 생기면 그것까지도 똑같이 '공유'했다. 두루뭉술하게 '아프다' 하는 정도가 아니라 통증의 위치와 강도, 느낌까지 정확히 집어냈다.

감정을 읽어내는 것도 마찬가지였다. 눈치로 살피는 것이 아니라 당신도 나처럼 똑같이 화가 나고, 똑같이 불안하고, 똑같이 슬픈 감정을 느끼는 것 같았다. 오히려 내가 내 몸에 대해 지금 복통이 있는지, 슬프고 우울한지, 자각하지 못할 때가 더 많았다. 그러면 놀랍게도 그런 자각하지 못한 통증이 예언처럼 며칠 후에 그곳에 모습을 드러냈다. 그때마다 어리둥절해하는 나를 보며 선생님은 조용히 몸을 느껴보라고 하셨다. 몸과 마음이 은근한 통증에 워낙 오랫동안 길들여져 있었기 때문에 알지 못하는 것이라고. 내가 지금 아프다거나 리듬이 깨져 있다는 것을 아는 것에서부터 몸이 스스로를 치유하기 시작한다는 얘기도 자주 하셨다.

그리고 이런 식의 공유가 이루어지고 나면 거짓말처럼 내 몸과 마음은 안정을 찾기 시작했다. 대화를 하거나 차를 마시다 보면 어느새 몸도 마음도 훨씬 가벼워져 있었다. 단지 곁에 있는 것만으로도 몸과 마음이 치유되는 느낌이었다.

물론, 누군가에게는 나의 이런 얘기가 터무니없이 들릴지도 모른다. 나도 그녀가 나의 애인이 아니었다면 '말도 안 된다'며 관심도 두지 않았을 것이다. 하지만 그들과 함께 있을 때마다 느껴지는 몸과 마음의 변화는, 그들이 보여주는 진정성과 내가 그녀를 사랑하는 마음은, 이상함과 호기심을 넘어 그 실체를 알고 싶다는 진지함으로 바뀌기 시작했다.

어느 날, 나는 용기를 내어 선생님께 물었다.

"그렇게 남을 느끼며 살면 피곤하지 않으세요? 내 몸 하나 감당하기도 힘든데, 남의 아픈 곳, 힘든 곳까지 왜 알아야 하는 거죠?"

나의 도발적인 질문에도 선생님은 화내지 않고 담담히 대답하셨다.

"때로는 몸이 힘들고 아픈 사람이 나의 스승이 될 때가 있지. 내가 느끼는 그들의 고통은 스승이 나에게 주는 숙제 같은 거야. 그 숙제를 풀면 내가 어디가 약한지 무엇을 더 공부해야 하는지 알게 되거든. 그 분들 덕에 나를 더 잘 알게 되니 오히려 고마운 일이지. 꽃을 느낀다고 내가 꽃이 될 수 없듯이 내가 느끼는 그들의 고통도 내 것으로 남지는 않네. 누군가를 나처럼 느낀다는 것은 꽃이 되지 않고도 꽃으로 살 수 있는 재미있는 일일 수도 있어."

생각해보면, 선생님께 그리고 아내에게 처음의 나 역시 세상의 수많은 아프고 허약한 이들 중 하나였을 것이다. 지금처럼 나에게 말 걸어주지 않았다면, 나는 스스로를 더 이상 알려고 하지도 않았을 것이다. 그들이 잠시라도 내가 되어주었기에 나는 혼자가 아닐 수 있었다.

그날 이후 나는 그녀의 집을 오가며 그들의 삶에 적극적으로 동참하기 시작했다. 꽃은 아니지만 꽃으로 살 수 있는 법을 배우고 싶었기 때문이다. 그런 나를 그녀와 선생님은 반갑게 맞아주셨다.

예상은 했지만 그녀들과의 생활은, 한마디로 출가승 같은 생활이었다. 단출하고 맛없는 밥을 먹고, 가끔씩 잠을 제대로 자지도 못하며, 나를 즐겁게 해주는 자극적이고 말초적이고 요란한 그 무엇도 없는 생활이었다. 가끔은 그녀의 집에 가지 않고 혼자 있는 날이 즐거울 때도 있었다. 하지만 이런 모든 과정이 나에게는 행복한 연애였고 재미있는 공부였으며 엄격한 수행이었다.

그러면서 알게 되었다. 나를 비실이라 부르며 낙지를 먹였던 것도, 내 몸에 대해 나보다도 더 많은 관심을 보였던 것도, 모두 내 깊은 곳을 향해 던진, 나를 깨우기 위한 말과 음식이었다는 것을. 되짚어 보면 하나하나의 일들이 그들만의 방식으로 나에게 전해준 따뜻한 관심과 배려였다.

그렇게 함께 생활한 지 벌써 10년이 지났다. 그사이 나는 그녀와 결혼했고, 두 아이의 아빠가 되었다. 출가와도 같은 특별한 생활은 이제는 일상이 됐지만, 선생님의 일상은 아직도 나에게는 특별하기만 하다. 하지만 이제는 가끔씩 나비 한 무리가 나를 스쳐 지나갈 때 그들에게 감사하는 나를 발견하기도 한다. '공감할 수 있는 타인'과 살아갈 수 있는, 또 다른 세상을 조금은 엿볼 수 있게 된 것이다.

내 몸 안의 자연

스스로 자정하고 자생하는 생명력이 살아 있는 땅.
마치 사자의 냄새를 얼룩말이 알아채듯
그 위에 살아가는 모든 존재들이 서로를 느끼는 공간.
내가 먹는 음식이 내 안에 그런 자연을 만든다.

냉장고에 탄산음료를 가득 넣어놓고 하루에도 몇 병씩 마시는 사람이 있었다. 수십 년 동안 계속된 탄산음료에 대한 애착 때문인지, 50대 초반의 나이에 건강에 심각한 문제가 생겼다. 남아 있는 치아가 없을 정도로 이의 상태도 좋지 않았다. 그의 식습관을 안 의사가 탄산음료를 끊으라고 해도 그것만은 안 된다며 고집을 피웠다.

처음에는 이런 괴팍한 식습관이 이해되지 않았지만 알고 보니 그에게 탄산음료는 그냥 음료가 아니었다. 그분의 어머니는 막내인 그에게

만 형제들 몰래 탄산음료를 사주셨다고 한다. 형들에게 혼나서 울고 있거나, 친구와 다투고 들어온 날에도, 시험을 망쳐 속상할 때도 어머니는 탄산음료를 쥐어주며 아이를 달랬다. 아이는 손에 탄산음료가 있을 때마다 자신이 특별히 사랑받고 있음을 느낄 수 있었다. 그리고 실제로 탄산의 시원하고 달콤한 맛이 몸 안에 들어가면 모든 시름이 잊혀지는 것 같았다. 어머니가 돌아가시고 더 이상 자신을 달래줄 사람이 없어지자 그는 어머니 대신 탄산음료에 기대기 시작했다. 탄산음료가 어머니의 사랑을 대신하게 된 것이다. 그는 자신의 건강이 나빠져도 탄산음료를 포기할 수 없었다.

우리에게 음식은 때때로 음식 이상의 가치를 가질 때가 있다. 탄산음료를 고집하는 것처럼 누구에게나 자신의 인생을 돌이키게 하는, 자신의 삶과 같은 음식이 있기 마련이다. 일흔이 다 된 내 아버지는 지금도 과자와 아이스크림을 사놓고 한 달에 한 번씩 집에 오는 마흔의 아들을 기다리신다. 함께 식사를 하고 소파에 앉아 있는 내게 아이스크림을 들이밀거나 서랍에 과자가 잔뜩 있다며 먹으라고 손짓을 하신다.

가끔 눈을 감고 그 목소리만 듣고 있으면 나는 열 살의 아이가 된 것 같고 아버지는 마흔의 젊은 아빠가 된 것 같은 느낌에 마음이 먹먹해진다. 나는 어렸을 때 아버지가 군것질거리를 사다주면 강아지처럼 온 방 안을 뛰어다니며 좋아하곤 했다. 자주 사업에 실패해 의기소침해

하시던 아버지는 그 순간만큼은 듬직한 가장이고 아버지일 수 있었다.

　세월이 지나도 음식이 만들어주었던 추억과 행복은 지워지지 않는 법이다. 그런 음식들은 맛이나 영양으로 따져야 할 것들이 아니다. 잊혀진 삶의 부분을 채우고 있는, 차가워진 마음을 덥혀주는 삶의 등불이 된다. 그러니 평생 먹어왔던 음식을 바꾼다는 것은 생각보다 어려운 일일 수밖에 없다. 그런 변화 자체가 음식으로 만들어진 기억과 인연들로부터 벗어나겠다는 것을 의미하기 때문이다.

　내가 그녀의 삶에 동승하게 되면서 가장 먼저 바꿔야 했던 것도 바로 음식이었다. 단순히 함께 먹지 않던 수준에서 이제는 함께 먹어야 하는, 나에게는 좀 더 큰 용기가 필요한 일이었다. 처음에는 그녀를 따라서 무조건 먹지 않았다. 소금이나 설탕, 인공조미료가 과하게 들어간 음식이 주로 먹지 말아야 할 것들이었다. 인스턴트 음식들도 제외되었다. 그리고 과도한 약물로 자신의 면역력을 잃어버렸거나, 촉진제로 키워낸 음식들 역시 먹지 않았다.

　단순한 조건 같아 보이지만 이 조건을 충족시키는 음식은 밖에서도 집에서도 별로 없었다. 한 달 만에 체중이 10킬로그램이나 줄었고, 부모님은 집에서 해주는 음식을 먹지 않는 나를 걱정하면서도 한편으로는 서운해하셨다. 시간이 갈수록 자극적이고 달콤했던 음식들과의 추억들은 멀어져갔고, 그 자리에 맛없고 밋밋한 음식들이 채워져갔다.

어느 순간부터는 자극적인 음식들이 낯설어진 친구처럼 어색하게 느껴지기 시작했다. 몸이 거부하기 시작한 것이다. 어쩔 수 없이 가까이하게 될 때는 손발이 붓거나 어딘지 모르게 몸이 불편해졌다. 반면 나한테 필요하거나 잘 맞는 음식에 대한 감이 오기 시작했다. 마치 노련한 농부처럼 비슷해 보이는 양배추들 속에서 내 복통을 치료해줄 양배추를 찾아내고, 쌓여 있는 수많은 호두 중에서 내 머리를 좋게 해줄 양질의 호두가 눈에 들어왔다. 같은 지역에서 같은 사람이 키워낸 작물일지라도 서로 다른 땅에 뿌리내리고 다른 바람과 다른 비를 맞는다. 같아 보이지만 다른 식물들의 얼굴이 보이기 시작한 것이다.

동양의학에서는 음식을 단순히 영양분으로 보지 않았다. 아무리 사소한 음식이라도 그 안에는 모양과 색과 맛, 냄새, 감정, 소리 같은 자연의 온갖 의미가 담겨 있다고 생각했다. 하나의 음식을 먹는다는 것은 이런 다양한 의미를 내 몸속으로 가져온다는 것을 말한다. 잘 익은 한 알의 배를 먹는다는 것은, 배의 둥그런 모양과 하얀 속살, 달고 신맛, 배가 열리는 가을의 감성과 바람의 흔적들을 내 몸 안으로 가지고 오는 것이다. 한 알의 배가 내 몸속에 작은 가을을 만들어내는 것이다.

이런 음식의 다채로운 의미들에 내 몸이 반응하는 것을 '동기감응同氣感應'으로 설명하기도 한다. 앞에서 말했듯이 '같은 기운끼리 반응한다.'는 뜻이다. 동기감응은 선생님이 나에게 줬던 '다리 많은 낙지'의 이유이기도 하다. 한 알의 배에 가을이 담겨 있다면 반대로 가을의 한 단면이 그 배의 모습을 하고 있을 수도 있다.

　마찬가지로 다리가 많아야 하는 동물들은 그렇게 다리가 많아야 하는 이유가 있을 것이고, 그 이유가, 다리를 많게 하는, 다리로 힘이 가게 하는 근원의 힘을 만들었을 것이다. 그리고 그 힘은 낙지뿐만 아니라 사람에게도 적용될 수 있다. 낙지의 다리를 힘차게 움직이는 '근원의 힘'이 그 낙지를 먹는 사람의 다리에도 그대로 적용될 수 있는 것이다. 흰 즙이 가득한 동그란 무화과가 산모의 부족한 젖을 돌게 하고, 뇌를 닮은 호두가 머리에 좋을 것이라는 민간의 처방들은, 모두 이런 동기 감응론으로 설명할 수 있는 것들이다. 어떤 음식이 바로 그 음식일 수 있는 의미가 나에게도 똑같이 적용되는 것이다.

　결국 나에게 온 음식은 자신의 모양대로 나를 만들어간다. 물을 즐겨 마시는 사람들은 물처럼 촉촉해지고, 육식을 즐기는 사람들은 동물의 뜨거운 열기를 닮아간다. 채식을 주로 하는 사람들은 조용하고 서늘한 들풀의 생명력을 닮는다. 그렇게 모여진 음식들은 내 몸 안에서 '나'라는 작은 자연을 만들어간다. 눈에 보이는 실체로서의 자연이 아닌, 그 기운들만이 운무처럼 서로를 감아 돌며 만들어내는 환상적인 자연의 장관이 펼쳐진다. 몸이라는 큰 바다를 만드는 수많은 강줄기들의 시원始原에 바로 음식이 있는 것이다.

　내가 먹는 음식들이 그렇게 내 몸의 자연을 회복시켜줄 때 계절과

밤낮의 변화를 알 수 있듯 내 몸 안의 변화도 느낄 수 있게 된다. 내 몸 어디에서 바람이 불어오는지, 비가 내리고 물이 흐르는지에 대한 느낌들. 그렇게 내 몸이 내는 자연의 소리를 들을 수 있게 되는 것이다.

하지만 가공된 음식은 콘크리트처럼 내 몸 안의 공간을 덮어버린다. 영양분을 주기는 하지만 흙처럼 뭔가를 싹트게 하지는 못한다. 몸 안의 하천에는 오염된 물이 흐르고, 담배연기와 매연이 바람이 되어 분다. 어쩌면 우리의 몸은 우리가 살고 있는 삭막한 도시를 닮아가는지도 모른다. 그렇게 우리는 몸 안에 작은 도시를 세운다. 그나마도 관리가 안 돼 폐허처럼 황량해진 몸을 품고 사는 이들도 부지기수다. 그 쓰러져가는 공간 속에 깃들어 있는 존재는 얼마나 고통스러울 것인가.

몸의 입장에서 보면 이런 인공의 음식들은 그 변화를 예측할 수 없는 존재들이다. 정체불명의 성분으로 몸의 신호를 교란시키기도 한다. 몸과 음식이 어울리지 못하고 불협화음을 내는 것이다. 하루이틀도 아니고 매일 몸 안에서 이런 소란스런 상황이 벌어진다. 이런 상황에서 몸의 선택은 '포기'하는 것이다. 일일이 반응할 기력도 없으니 침묵하는 길을 택하는 것이다. 내 몸이 침묵하기 시작할 때 나는 세상과도 그리고 나 자신과도 소통할 수 없는 존재가 돼버린다. 우리가 훼손되고 무너져가는 자연의 모습을 모르고 살아가듯, 내 몸에 병이 생기고 아픔이 쌓여가고 있음을 알지 못하는 것이다.

내 몸을 느끼고 싶다면 먼저 내 몸속을 자연의 상태로 복구해야 한다. 그러려면 가장 먼저 음식을 바꾸는 수밖에 없다. 콘크리트를 걷어내 흙을 살리고, 썩어가는 하천을 맑게 정화시키고, 황량한 벌판에 나무를 심어야 한다. 좋은 물로 몸 안에 비를 내려주고, 싱싱한 식재료들이 거름이 되어 몸속에 살아 있는 땅을 만들어주는 것이다.

스스로 자정하고 자생하는 생명력이 살아 있는 땅. 그리고 마치 사자의 냄새를 얼룩말이 알아채듯 그 위에 살아가는 모든 존재들이 서로를 느낄 수 있는 공간으로 탈바꿈시키는 것이다. 내 몸이 그런 자연의 소리를 내기 시작할 때 나를 둘러싼 더 큰 자연과의 교감도 시작될 수 있다. 같은 기운끼리 서로 반응하는 동기감응이 비로소 이루어지기 시작하는 것이다.

가끔씩 우리는 내가 누구인지, 내가 무엇을 하는 사람인지, 나 자신을 잃어버린 느낌에 사로잡힐 때가 있다. 거울을 보면 어제와 다르지 않은 나인데도 한없이 낯선 기분이 드는 나를 마주할 때, 한번쯤은 내가 먹었던 음식들 속에서 나의 모습을 찾아낼 수도 있을 것이다. 그 음식들이 나를 음산한 도시의 골목길에 서 있게 할 수도 있고, 바람 부는 벼랑 끝에 서게 할 수도 있다. 때로는 음식들이 눈앞의 거울보다도 훨씬 더 명료하게 나의 모습을 비춰주며 나에게 말을 걸고 있을 것이다. 그렇게 음식은 내 몸 안의 자연을 만들어간다.

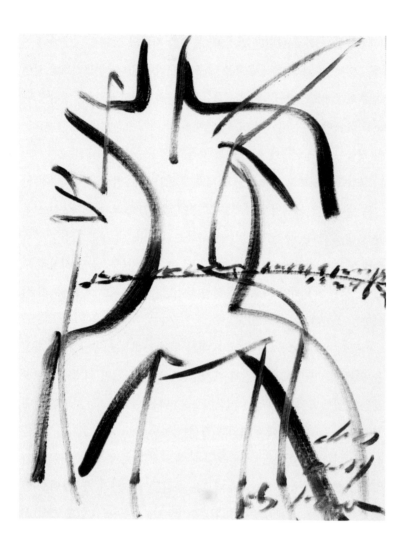

가끔씩 우리는 내가 누구인지, 내가 무엇을 하는 사람인지,
나 자신을 잃어버린 느낌에 사로잡힐 때가 있다.
거울을 보면 어제와 다르지 않은 나인데도 한없이 낯선 기분이 드는 나를 마주할 때,
한번쯤은 내가 먹었던 음식들 속에서 나의 모습을 찾아낼 수도 있을 것이다.
그 음식들이 나를 음산한 도시의 골목길에 서 있게 할 수도 있고,
바람 부는 벼랑 끝에 서게 할 수도 있다.
때로는 음식들이 눈앞의 거울보다도 훨씬 더 명료하게 나의 모습을 비춰주며
나에게 말을 걸고 있을 것이다.

몸의 언어를 알아듣는다는 것

나를 제외한 누구도 갖지 못하고,
누구도 함부로 파헤칠 수 없는 공간.
내 의지로 지켜내고 가꿀 수 있는 또 하나의 땅과 하늘.
그곳은 바로 내 몸이다.

나는 가끔 북악산 팔각정에 오르곤 한다. 서울을 한눈에 조망하기에
여기만 한 곳이 없다. 얼마 전에도 비가 한바탕 쏟아진 다음 날 차를
몰고 팔각정을 찾았다. 뿌연 스모그가 걷힌 서울 하늘은 청명했다. 눈
앞에 북적이는 광화문 거리와 남산은 물론 멀리 관악산까지 손에 잡힐
듯했다.

　풍수가들은 서울이야말로 우리나라에서 제일가는 명당이라고 말한
다. 풍수에 관심 없는 사람들도 많이 들었을 법한 좌청룡, 우백호, 배

산임수 등 풍수지리가 강조하는 최적의 입지조건을 다 갖추고 있기 때문이다. 그렇다면 600여 년이 지난 지금도 여전히 서울은 명당의 기운을 간직하고 있을까?

안타깝게도 서울을 내려다보면서 가장 처음 든 생각은 '답답함'이었다. 동쪽으로 끝도 없는 산맥이 시야를 가리고, 서쪽도 낮은 산들로 계속 막혀 있는 느낌이다. 자동차가 없어 활동반경이 좁고 추위와 더위에 취약했던 과거에는 이런 지세가 꽤나 안락했을 것이다. 당시 사람들의 속도와 규모에 비추어 보면 서울은 적당한 도시였다. 그러나 지금은 인간의 속도가 수십 배나 빨라졌고 활동반경 역시 광역대로 넓어졌다. 그 분주함과 더불어 빽빽한 빌딩숲이 내뿜는 뜨거운 열기는 도시를 점점 숨 막히게 만들고 있다.

예전에는 전통적인 의미의 명당일 수 있었겠지만 현대적 관점에서 본 서울은 좁고 답답한 분지와 같다. 실제 옛 문헌에 나와 있는 것처럼 수도를 감싸는 웅장한 기운도 거의 느껴지지 않는다. 도시의 번잡함만 온몸을 울릴 뿐이다. 물론 수백 년이 흘렀다고 해서 자연의 에너지가 사라지는 것은 아니다. 그러나 거대한 콘크리트로 뒤덮인 도시에서 땅과 물, 바람의 생명력을 느끼기란 쉽지 않은 일이 돼버렸다.

전통 풍수지리에서 말하는 명당은 땅의 기운이 흘러가다 맺히는 곳이다. 마치 물이 흘러가다가 움푹 팬 웅덩이를 만나면 고이듯, 땅의 에너지가 이어지다 한군데에 모이면 강한 파동을 만들어낸다. 인간의 입장에서 이런 자리는 땅의 기운을 가장 잘 느낄 수 있는 '땅의 숨구멍'이자 '에너지 통로'다. 이런 명당에서 사는 것은 땅과 소통할 수 있는 채널을 갖는 것과 같다. 때문에 우리의 조상들은 자신과 후손들을 위해 이런 명당을 찾고 보존하는 데 엄청난 노력을 쏟아부었다.

그러나 지금은 이런 명당을 찾는 사람이 거의 없다. 지금 우리에게 의미 있는 명당은 다른 의미의 '좋은 터'다. 교통이 편리하고 교육환경이 좋으며 유동인구가 많은, 한마디로 '비싼 땅'들이다. 이런 인공의 명당에서 사람들은 자신만의 성을 쌓듯 높은 곳에 집을 짓고 산다. 그리고 그 성 안에 들어가 스스로를 단절시킨다. 고립무원의 공간은 마치 고인물이 썩어가듯 그곳에 사는 사람의 몸과 마음을 병들게 한다. 인공의 명당에 사는 사람일수록 자신만의 만족감 속에서 갇혀 있는 경우가 많은 이유다.

시대가 변하면서 자연의 명당 역시 제 힘을 발휘하지 못하게 됐다. 물은 오염됐고 무분별하게 산에 터널이 뚫리면서 많은 지맥이 함께 끊어졌다. 도로가 아스팔트로 뒤덮여 땅은 숨 쉴 곳을 잃어버렸고, 산과 들에 틈만 생기면 아파트가 올라가는 탓에 거대한 굵기의 철근이 땅속에 박히고 콘크리트가 부어지고 있다. 상황이 이런 도시에서 풍수와 명당을 애기하는 것은 점점 무의미한 일이 되어가고 있다. 전통 풍수의 이론대로라면 에너지가 넘치고 흘러야 하는 명당인데, 직접 가보면 실망스러운 일이 많아졌다. 그나마 남아 있는 괜찮은 터는 이미 주인이 따로 있다. 보통 사람들에게 풍수는 아직도 미신의 영역이지만 가진 자들에게는 오래 전부터 실리의 영역이었다.

그러나 다행히 세상에는 마지막까지 사라지지 않는 최고의 명당이 있다. 나를 제외한 누구도 갖지 못하고, 누구도 함부로 파헤칠 수 없는 공간. 내 의지로 지켜내고 가꿀 수 있는 또 하나의 땅과 하늘. 바로 내 몸이다. 내 안에도 땅의 혈 못지않게 중요한, 어마어마한 명당들이 있다.

우리의 몸은 우리가 발 딛고 있는 땅과 놀랄 만큼 닮아 있다. 우리의 몸이 경락이라는 긴 선으로 연결되어 있듯, 땅도 지맥이라는 선으로 연결되어 있다. 땅에 혈이 있는 것처럼 몸에도 수많은 혈자리들이 존재한다. 대나무 마디처럼 몸에 에너지가 흘러가다 맺히는 정류장 같은 곳이다. 동양의학에서는 이 혈자리를 침이나 뜸으로 자극하면 막힌 곳이 뚫리면서 관련된 장기의 병을 치유할 수 있다고 말한다.

그런데 직관의 세계에서 혈자리는 또 다른 의미를 갖는다. 몸의 기운이 맺히는 혈들이야말로 자연을 교감하고 느끼는 '센서'일 수 있다는 것이다. 누군가의 몸을 느끼고, 음식을 느끼고, 자연의 변화를 느낄 수 있는 것은 내 몸의 혈들이 숨 쉬고 있기 때문이다. 그 수많은 혈들이 바로 내 몸 안의 명당이 되는 것이다.

보이지 않는 세계와 소통하는 센서, 인당혈

그중에서도 가장 유명한 명당이 바로 '인당혈印堂穴'이다. 양 미간 사이에 있다고 알려져 있는 인당은 '제3의 눈'으로 불리는 자리다. 보이지 않는 세상의 이면을 밝히는 지혜의 눈. 인도에서는 생명에너지의 통로를 '차크라'라고 부르는데, 7개의 차크라 중 여섯 번째인 '아즈나 차크라'가 바로 인당혈에 해당된다. 아즈나 차크라는 영적 자각을 일으키는 곳으로 알려져 있다. 때문에 인당은 수천 년간 수행자들 사이에서 조용히 회자되던 '미지의 문'과도 같았다.

그런데 이 미스터리한 인당의 비밀은 뜻밖에도 가까운 곳에 숨어 있었다. 바로 '인당수'가 넘실대는 《심청전》이다. 이 오래되고 익숙한 옛날이야기에 도대체 무엇이 담겨 있다는 것일까? 심청전에 담긴 비밀의 코드를 이해하려면 먼저 두 주인공, '심청'과 '심봉사'부터 재해석할 필요가 있다. 심봉사의 성은 심沈이지만 문학적 유연성을 발휘해 '마음 심心'으로 읽으면 내용이 더 흥미진진해진다. 심봉사를 이름 그대로 풀면 '마음의 눈이 닫힌 사람'이 되고, 그의 딸인 심청은 '마음이 맑은 사람'으로 풀이할 수 있다. 즉 심청전은 심청이 심봉사의 '닫힌 마음의 눈'을 뜨게 하기 위해 고군분투 하는 다른 차원의 이야기가 되는 것이다.

그런데 여기서 또 하나 재미있는 해석이 가능하다. 바로 '남경상인'이다. 남경상인은 심청을 인당수에 데려가고, 또 연꽃이 되어 떠오른 심청을 왕에게 바친다. 이야기를 끌고 가는 중요한 매개자 역할을 한다. 그런데 왜 하필 북경상인도 아닌 남경상인일까? 남경상인이 아니면 안 되는 특별한 이유라도 있는 걸까? 이 수수께끼의 답을 음양오행의 코드로 풀면 뜻밖의 해석이 나온다.

'남경'을 지명이 아닌 '남쪽의 수도南京'라고 생각해보자. 남쪽은 음양오행에서 '여름'을 의미하고 수도를 '중심'이라고 풀면 '여름의 중심', 즉 '하지夏至'라는 말이 된다. 하지가 되면 하늘에 특별한 별이 떠오른다. 동양 천문학에서 '심숙心宿'이라고 부르는 별인데, 옛날 사람들은 이 별을 보고 하지가 왔다는 것을 알았다고 한다.

이 별은 하지를 알리는 것과 동시에 '청룡의 심장'으로도 불렸다. 그리고 사람들은 바로 이곳에 용신, 즉 용왕이 살았다고 믿었다. 우리는 용왕이 바닷속에 산다고 생각하지만 먼 과거의 사람들은 용왕이 하늘에 살면서 바다를 주관한다고 생각했던 것이다. 그렇다면 남경상인들은 용신, 즉 하늘이 보낸 사신이 된다. 그리고 심청은 하늘이 이끄는 대로 인당수에 몸을 던져 용왕이 살고 있는 하늘에 닿게 된다. 이곳에서 심청은 자신의 전생은 물론 앞으로의 일들까지 알게 된다. 이어 다시 세상에 나와 굳게 닫혀 있던 아버지의 눈, 그 캄캄한 마음의 눈을 뜨게 한다. 즉, 심청전은 '맑은 마음이 인당을 통해 하늘의 뜻을 알게 되면서 어두웠던 마음의 눈을 뜨는 이야기'가 되는 것이다.

여기서 한 가지 주목해야 할 것은 심청과 심봉사의 관계다. 부녀지간으로 묘사되는 두 사람의 실체는, 우리 안의 밝은 마음과 어두운 마음이다. 하나의 핏줄을 가지고 우리의 마음속에 공존하는 두 가지 모습인 것이다. 설화 속에서 심봉사는 없애거나 처벌해야 할 악인이 아니다. 단지 돌봐주어야 할 가엾은 존재, 눈먼 아버지일 뿐이다. 그렇게 《심청전》 속 부녀는 서로를 진정으로 사랑하고 아낀다. 이 오래된 이야기는 수백 년 후에 태어난 우리들에게 마치 이런 얘기를 해주는 듯하다.

'당신 안의 어둡고 나약한 마음을 함부로 없애려고 하거나 죄책감으로 누르려고 하지 않아도 된다. 그 마음을 돌봐드려야 할 늙고 병든 아버지처럼 바라보라. 나쁜 게 아니라 단지 사방이 어두워 진실을 보지 못할 뿐이다. 어두운 마음이 있으면 반드시 밝은 마음이 당신 안에 함께 있다. 그러니 당신 안의 심청을 찾으라. 그 마음이 당신을 밝은 길로 이끌어줄 테니….'

선과 악의 이분법에 익숙해진 우리에게 옛사람들은 그렇게 조용히 타이르는 듯하다. 그런데 여기서 중요한 것이 바로 인당수라는 존재다. 심청을 용궁에 이르게 했던 인당수는 마음의 눈을 뜨게 하는 중요한 관문이다. 내 몸 안에도 인당수라는 바다가 있다. 미간 사이에 있는 인당혈이다. 심봉사의 눈을 뜨게 하기 위해 심청이 인당수에 빠졌듯이, 마음의 눈을 뜨려면 나의 인당을 깨워야 한다.

《심청전》의 내용은 판본에 따라 조금씩 다르고, 기원에 대한 의견도 제각각이지만, 무녀들의 노래에서 기원했다는 주장을 하는 학자들도 있다. 만약《심청전》이 오래 전, 이 땅에 살던 무녀와 제사장들이 하늘의 기운에 감응하기 위해 만든 노래였다면, 이 글은 하늘의 뜻을 알아야 했던 이들이 그곳으로 통하는 문, 즉 인당혈을 깨우기 위해 만든 일종의 주문이었을지도 모를 일이다.

인당은 보이지 않는 세계와 소통하는 중요한 센서다. 간절히 그곳을 깨우고자 한다면 누구나 인당의 따뜻하고 선명한 빛을 느낄 수 있을 것이다. 그리고 아름다운 인당의 빛을 따라 심청이 갔던 하늘 길을 조용히 따라 가보기 바란다. 그 여정 속에서 당신의 마음속 어둠이 눈을 뜨는 고요한 장관이 펼쳐질 것이다.

땅의 생명력을 기억하는 곳, 곤륜혈

예로부터 중국에 전해 내려오는 전설의 산 중에 '곤륜산崑崙山'이라는 곳이 있다. 이 산은 부력이 없어 새의 깃털조차 뜨지 않는다는 '약수弱水'와 불길이 타오르는 화염의 숲에 둘러싸여 있기 때문에 보통 사람은 접근조차 할 수 없다. 그리고 이 산에는 '구중'이라는 성城이 있는데 신선과 선인들이 살고 있다고 한다.

곤륜산에는 불사의 약이 있다고 알려져 있는데 그것이 바로 '천도복숭아'다. 3,000년에 한 번 꽃이 피고, 다시 3,000년이 지나면 열매가 맺히며, 한 입만 먹어도 1만 8,000년을 살 수 있다는 천도복숭아 밭이 바로 이곳에 있다. 이 밭의 주인은 중국에서 생명의 여신이자 미의 여신으로 불리는 서왕모西王母다. 손오공이 훔쳐 먹고 달아난 천도복숭아도, 동방삭이 몰래 먹은 복숭아도 모두 서왕모의 복숭아밭에서 자란 것들이다.

그런데 곤륜산은 단지 신화 속에만 나오는 공간이 아니다. 우리의 몸에도 곤륜산이 있다. 천도복숭아처럼 생긴 복숭아 뼈와 아킬레스 건 사이에 있는 곤륜혈崑崙穴이 바로 그곳이다. 인당이 하늘의 마음을 기억하는 곳이라면 곤륜은 땅의 생명력을 기억하는 곳이라고 할 수 있다. 예전에는 '호흡이 발뒤꿈치까지 들어간다.'고 생각해 발뒤꿈치를 생명이 머무는 중요한 자리로 여겼다. 그 발뒤꿈치 중에서 가장 눈에 띄는 혈이 바로 곤륜이다.

곤륜혈은 방광선이라는 경락에 속하는데, 방광선은 '몸 안의 수도관'을 조절하는 선이다. 물을 주관하는 신장과 방광은 전체 경혈 중에서 94개를 차지할 만큼 막중한 위치를 차지하고 있다. 그만큼 몸 안의 물을 조절하는 일이 중요하고, 몸에서 물이 영향을 미치지 않는 곳이 없기 때문이다. 물이 있어야 몸 안에 생명이 움틀 수 있다. 곤륜은 그 물길의 수도꼭지에 해당되는 곳으로 천도복숭아처럼 강한 생명력을 주관한다. 땅을 딛고 나아갈 수 있는 가장 큰 힘이 이곳에서 나오는 것이다. 나무가 뿌리를 깊게 내려야 위로 솟아오르듯 곤륜에 생명력이 가득 찼을 때 우리의 몸도 단단하게 설 수 있다.

또 한 가지 역할이 있다. 물을 조절하는 곤륜은 '마음의 불'을 끄는 역할도 한다. 강한 스트레스나 화기가 내 몸을 불꽃처럼 달아오르게 했을 때, 소방호스를 들고 물을 뿌리는 곳이 바로 곤륜이다. 요가에서 곤륜혈을 여는 대표적인 자세가 바로 연꽃자세, 즉 결가부좌(양반다리)다. 결가부좌를 하려면 앉은 자세에서 다리를 꼬아 양쪽 허벅지 위에 올려야 한다. 그러면 발목이 꺾이면서 자연스럽게 곤륜혈이 자극을 받는다.

마음에 불같은 번뇌가 일어날 때 결가부좌를 하고 조용히 호흡을 하다 보면 서서히 진정되는 것이 느껴진다. 곤륜이야말로 마음의 불을 끄는 명당인 셈이다. 스트레스가 쌓이고 화가 잔뜩 나 있을 때 유난히 발목을 잘 접질리는 사람들이 종종 있는데, 이는 억지로라도 곤륜을 열어 화를 식히려는 내 몸의 자정작용일 수도 있다. 몸에 열이 가득 찼는데 주인은 알지도 못하고 빼주지도 않으니, 스스로 넘어뜨려 혈을 열어버리는 것이다. 이처럼 우리 몸에는 크고 작은 문제가 생겼을 때 스스로를 구할 수 있는 장치들이 여러 곳에 마련돼 있다. 나를 힘든 상황이나 위기로부터 구해주고, 지금보다 더 잘 살 수 있게 해주는 자리가 명당이라면, 이미 내 몸은 그런 명당들로 가득 차 있다.

그러나 우리는 그런 내 몸 안의 신비로운 풍수를 알지도 못할뿐더러 알려고 하지도 않는다. 자연에게 하는 것처럼 우리의 몸에게도 똑같이 대한다. 자연의 명당에 콘크리트를 쏟아붓듯 몸 안의 명당에도 인공의 첨가물을 쏟아넣는다. 이런 독소들이 경혈에 가득 차 있는 이상 혈들은 내 몸을 지킬 수도 없고, 자연과 소통하는 센서 역할도 할 수 없다.

게다가 환경을 개발한다는 명분으로 산을 깎고 터널을 뚫는 것처럼 우리의 몸도 성형수술로 깎고 세운다. 겉으로는 예뻐 보일지 모르겠지만, 안에서는 밸런스가 깨지면서 몸 안의 명당들이 흐트러져버린다. 우리의 몸은 거미줄 같은 선으로 연결돼 있기 때문에 선 하나만 건드려도 전체의 균형이 무너질 수 있다. 미세한 조율에도 기타의 소리가 달라지는 것과 같은 이치다.

세상은 우리가 어찌할 수 없는 것들로 가득 차 있다. 가장 가까운 가족들의 마음을 움직이는 것도, 나 한 사람의 생계를 책임지는 것도 쉽지 않다. 아무리 간절히 원한다고 해도 신神이 내게 앞날을 예견하는 지혜와 스스로 치유할 수 있는 힘을 준다는 보장은 없다. 그러나 적어도 내 몸만큼은 내가 주인이 될 수 있다. 내 몸 안의 인당을 깨워 하늘로 가는 길을 찾고, 곤륜 속에 숨어 있는 천도복숭아를 찾아내 먹는 것은 내 뜻대로 할 수 있다. 내 몸 안의 수많은 명당으로 나를 빛나게 할 수도 있다.

중요한 것은 그 존재를 알고 믿는 것이다. 끊임없이 소통하려 하고 들어주는 것이다. 그렇게 몸과 내가 서로의 언어를 알아들을 때, 내 몸 안의 명당은 비로소 나를 위해 움직이기 시작한다. 세상에서 가장 아름다운 공명이 시작되는 것이다.

우리 몸에는 크고 작은 문제가 생겼을 때
스스로를 구할 수 있는 장치들이 여러 곳에 마련돼 있다.
나를 힘든 상황이나 위기로부터 구해주고,
지금보다 더 잘 살 수 있게 해주는 자리가 명당이라면,
이미 내 몸은 그런 명당들로 가득 차 있다.

마음의 울림이 시작되는 12개의 선

우리 몸의 장기들은 저마다의 선으로
몸속 구석구석까지 연결돼 있다.
산다는 것은 이 12개의 선으로
몸과 마음을 연주하는 일이다.

사람은 모두 자기 자신을 알고 싶어 한다. 삶이 헛헛해지거나, 도무지
길이 보이지 않을 때 혹은 나도 내가 이해가 안 될 때 사람들은 묻는
다. 나는 누구인가? 나는 어떤 사람인가? 진로를 고민하는 청소년부
터 은퇴를 생각하는 중년 가장까지 누구도 이 질문을 피해갈 수는 없
다. 자신을 온전히 이해한다는 것은 생각보다 쉽지 않다. 최근 몇 년간
심리학 열풍이 불었던 것도 자기 자신을 제대로 알고 싶다는 현대인의
고민을 보여주고 있다.

문제는 우리가 알고 싶고, 이해하고 싶은 영역이 주로 '마음'에 국한 되어 있다는 사실이다. 나의 성격, 욕망, 콤플렉스, 꿈, 가치관 등 당장 눈에 보이지 않는 정서와 감정들이 관심의 대상이 된다. 반면, 하루 종일 살을 맞대고 살아야 하는 나의 몸은 성찰과 탐구의 대상이 아니다. 단지 고장 나지 않게 치료와 관리를 해줘야 하는 몸뚱어리 혹은 사회적 미美의 기준에 못 미쳐 속상한 불만의 대상일 뿐이다. 어느 쪽이든 우리의 몸을 일종의 '도구'로 대한다는 점에서는 다를 게 없다.

종교에서도 몸은 극복의 대상인 경우가 많다. 고매한 정신적 성취를 가로막는 거추장스러운 존재. 그러다 보니 무의식적으로 몸을 마음에 종속된 무엇인가로 여기는 데 다들 익숙하다. 우리의 몸은 애당초 소통이나 사유의 대상이 아니다. 몸은 그저 정신이 하는 일을 받쳐주고 실행해 나가는 도구, 명령대로 움직여야 하는 로봇일 뿐이다. 때문에 마치 기계가 고장 나면 AS센터에 맡기듯 몸이 아프면 너무나 쉽게 타인에게 내 몸을 맡겨버린다. 평소에 내 몸은 내가 잘 안다고 생각하지만, 막상 문제가 생기면 스스로 할 수 있는 것이 거의 없다. 그저 고장난 기계가 되어 전문가의 처방을 기다리는 것 외에는.

반면 우리의 마음은 몸에 비해 훨씬 나은 대접을 받는다. 아픔을 느끼면 스스로 치유하려 하고, 다치지 않게 보호하려 애쓰고, 때로는 고통의 더 깊은 원인을 알고 싶어 한다. 그러나 우리가 알고 싶고 이해하고 싶은 내 마음, 이 다양한 생각과 감정들은 도대체 어디서 오는 걸까? 하루에도 수없이 바뀌는 마음의 소리들은 대체 어디에서 그 울림이 시작되는 것일까?

수천 년간 내려온 동양의학은 여기에 '신선한' 해답을 제시한다. 마음이 몸속의 장기들과 공명해 소리를 내고 있다는 것이다. 내 기쁨과 슬픔이 심장과 폐를 떨게 하고, 때로는 간과 신장이 분노와 공포라는 감정을 만들어내기도 한다는 얘기다. 생각해보면 정말 신비로운 얘기다. 터질 듯한 행복이 심장을 움직이고, 지친 폐가 우울함을 만들기도 한다고? 실제로 《동의보감》에 나온 우리의 몸은 서양의학 서적에 나와 있는 해부도와는 그 개념이 완전히 다르다. 근육의 조직이나 신경의 분포, 관절의 세밀함 같은 것은 보이지 않는다. 대신 재미있는(?) 형태로 그려진 몸속의 장기들이 다양한 의미로 서술된다.

왕관을 쓰고 망토를 두른 것 같은 심장은 임금을 의미한다. 정신줄(?)을 쥐고 우리의 행복한 마음을 다스리는 역할을 한다. 덮개 같이 생긴 폐는 심장을 덮어주고 보좌하는 재상의 역할을 하는데 우울한 마음을 담당한다. 투구처럼 생긴 간은 장군을 의미한다. 공격적이고 분노하는 마음은 이곳에서부터 나온다. 머리에 띠를 두르고 고민에 잠겨 있는 것 같은 비장은 생각을 주관하고, 조그만 뇌처럼 생긴 신장은 공포의 마음을 주관한다.

　　우리 몸속의 장기가 각각 특정한 감정, 혹은 생각과 하나가 되어 울
린다는 얘기다. 마치 장기 하나하나에 뇌세포라도 있는 것처럼 말이
다. 서양의학적 관점으로 보면 도저히 이해할 수 없는 내용이다.

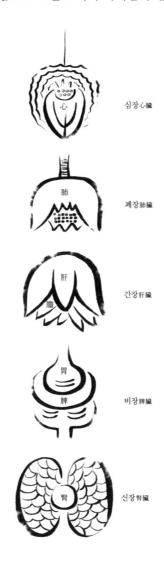

심장心臟

폐장肺臟

간장肝臟

비장脾臟

신장腎臟

그러나 현실에서는 이미 충분히 가능한 얘기다. 얼마 전 TV에서 '심장이식'에 대한 다큐멘터리를 본 적이 있다. 이 다큐멘터리에 등장하는 사람들의 공통점은, 심장이식 후 성격이나 기호, 습관이 완전히 바뀌었다는 점이다. 이 중 한 남자는 아내에게 늘 무뚝뚝한 남편이었는데 심장이식 수술 후에는 아내에게 편지를 쓰고 사랑을 고백하는 로맨티시스트가 됐다. 알고 봤더니 심장을 이식해준 사람이 생전에 아마추어 시인이었다고 한다. 정신을 주관하는 심장의 주인이 바뀌면서 성격마저 바뀌어버린 것이다. 서양의학에서는 과학적 근거가 부족한 일시적 현상으로 보지만 동양의학적 관점에서는 지극히 자연스러운 일이다.

이런 사례는 우리 주변에서도 얼마든지 찾아볼 수 있다. 아이들이 공포에 민감하고 무서운 얘기를 좋아하는 것도 몸의 관점에서 보면 새롭게 해석된다. 한창 키가 클 무렵, 기린이는 밤에 자주 무서운 꿈을 꾸곤 했다. 한의학에 따르면 뼈가 자랄 때 필요한 것이 바로 신장의 기운이다. 그런데 신장은 앞서 말했듯이 공포의 감정을 주관한다. 때문에 한창 키가 클 때 신장이 자극을 받아 무서운 꿈을 꾸거나 유난히 공포에 민감해지는 것이다.

생각해보면 나는 유독 어렸을 때 겁이 없었다. 아무 데서나 뛰어내리고 나보다 훨씬 몸집이 큰 아이들에게 대들곤 했다. 그때는 내가 또래보다 무척 용감해서 그런 줄 알았다. 그런데 지금에서야 꼭 그렇지만은 않다는 것을 알게 됐다. 겁이 없던 만큼 키도 안 컸다는, 개인적으로는 조금 씁쓸한 이야기다. 아이의 키가 자라지 않아 걱정이라면 무서운 얘기를 들려주는 것도 하나의 방법인 것 같다.

또한 술을 자주 마시는 사람들이 폭력적으로 변하는 것도 이유가 있다. 가까운 친척 중에 50대에 간암으로 돌아가신 분이 있다. 이분은 성격 좋고 온순하기로 유명했는데 평소에 술을 너무 즐겼던 게 탈이었다. 젊은 나이에 간암에 걸리고 말았다. 그런데 돌아가실 무렵에는 완전히 다른 사람으로 돌변해버렸다. 입에 담지 못할 폭언과 폭력으로 가족들에게 많은 상처를 남긴 채 영면에 드셨다. 우리 몸에서 간은 일종의 '분노 조절장치'다. 우리가 화가 났을 때 본능적으로 술을 찾는 것은, 강한 알코올로 간을 잠재우기 위해서다. 그런데 간이 너무 무력해지면 분노 조절이 안 되면서 오히려 화가 폭발한다. 이런 이치를 안 뒤부터 나는 버럭 화를 내는 사람들을 다른 관점에서 보게 됐다. '저 사람은 지금 간이 아프구나. 불쌍한 간.' 그러면 훨씬 덜 미워진다. 실제 그런 사람은 심리치료뿐만 아니라 간도 함께 치유해야 분노조절이 가능해진다.

우리는 지금까지 스트레스 같은 마음의 병이 몸을 병들게 한다고만 생각해왔다. 때문에 마음을 다스리는 데 더 집중했다. 그러나 몸의 병 역시 마음을 멍들게 한다. 우리가 상상하는 것 이상으로 우리의 정신은 몸의 상태에 대단히 민감하게 반응한다. 마음 자체가 아니라 그 마음을 일으키는 몸을 치유하는 것이 때로는 더 빠를 수 있다는 얘기다.

실제로 나는 부정적인 감정이 떠오르면 몸을 먼저 살핀다. 어떤 생각이 멈출 수 없을 정도로 과하게 떠오르면 생각을 담당하는 몸 안의 장기인 비장을 떠올린다. '낮에 먹은 음식 중에 뭔가 소화하기 힘든 게 있었나?' 이유 없이 불안하다면 공포를 담당하는 신장의 신호로 받아들인다. '내가 너무 오래 앉아 있었나? 내 몸에 화기가 너무 강해져서 신장이 힘들어하나? 컴퓨터를 덜하면 괜찮아질까?'

그렇게 원인을 찾는 순간 내 몸은 스스로 치유되기 시작한다. 이런 경험이 쌓이면 내 몸을 이해하고 문제를 해결하는 일종의 매뉴얼을 갖게 된다. 동양의학에서 제시하는 몸과 마음의 지표들이 나를 이해하는 훌륭한 기준이 되는 것이다.

그런데 조금 더 깊숙이 들여다보면, 여기에는 복잡한 비밀이 숨어 있다. 각각의 감정이 특정한 장기에만 공명하는 것은 아니라는 것이다. 심장은 이론적으로 기쁨과 행복을 담당하지만 현실에서 늘 그렇지만은 않다. 사랑하는 사람을 만났을 때 심장이 두근거리지만, 무서운 사람을 만났을 때도 걷잡을 수 없이 쿵쾅거린다. 실적을 내라고 압박하는 상사 앞에서도, 화가 나도, 슬픔이 올라와도, 심장은 거칠게 요동치며 자신을 드러낸다.

이처럼 우리는 심장 하나만으로도 모든 감정과 공명한다. 다른 장기들도 마찬가지다. 그것이 가능한 것은 내 몸의 모든 장기에 모든 감정과 공명할 수 있는 코드가 함께 들어 있기 때문이다. 우리 몸의 어떤 세포를 추출해도 나의 DNA가 지문처럼 찍혀 있듯, 내 몸의 모든 장기들은 몸속의 모든 마음과 소통할 수 있는 코드를 갖고 있다. 다만 그 주된 역할만 구분되어 있을 뿐이다.

동양의학에서 보는 사람의 몸은 선線의 네트워크다. 몸 안의 장기들은 크게 12개의 '경락經絡'이라는 보이지 않는 선으로 온몸 구석구석까지 연결돼 있다고 설명한다. 서양의학의 관점에서 보면 이해할 수 없는 일이다. 혈관이나 신경도 아닌 보이지 않는 선으로 에너지가 오고 간다니. 그러나 내면의 불이 켜지면 몸이 만들어내는 완벽한 '선들의 조합'이 보이기 시작한다. 그때부터 심장은 더 이상 심장이라는 하나의 장기가 아니다. 심장부터 새끼손가락까지 연결된 하나의 긴 선이 된다. 우리가 정신적인 충격을 받을 때 손이 떨리는 것은 정신을 관장하는 심장이 손까지 연결돼 있기 때문이다. 뭔가를 약속할 때 새끼손가락을 거는 행위도 심장과 심장이 소통한다는 의미가 될 수 있다.

신장이나 방광도 단순한 장기 하나에 그치지 않는다. 다리부터 머리까지 연결된 하나의 긴 선으로 존재한다. 무서울 때 등줄기로 식은땀이 흐르고 다리가 제자리에 얼어붙는 것은, 두려움을 주관하는 방광선이 다리를 통해 뒷목에서 머리까지 연결돼 있기 때문이다. 우리가 누군가의 다리와 등, 목덜미에서 성적 매력을 느끼는 것 역시 방광선이 생식의 기능을 겸하고 있어서다.

이처럼 우리 몸의 장기들은 저마다의 선으로 몸속 구석구석까지 연결돼 있다. 마치 가야금처럼 12개의 선으로 이루어진 현악기 같다. 산다는 것은 이 12개의 선으로 몸과 마음을 연주하는 일이다.

그런데 사람마다 이 선들은 다 다르다. 부모로부터 물려받은 유전자와 자라온 환경에 따라 어떤 선은 굵고 강한 반면, 어떤 선은 끊어질 듯 약하고 가늘다. 누군가는 선들이 비교적 튼튼해서 빠르고 강한 비트의 음악을 연주하는 데 유리한 반면, 나처럼 모든 장기가 미성숙하고 약하게 태어난 사람들은 여리고 미세한 소리를 더 잘 낼 수 있다. 누군가를 강하게 자극하지는 못하지만, 지친 이들을 조용히 위로하고 쉬어가게 할 수는 있다.

또 어떤 이들의 선은 남들보다 짧거나 모양이 조금 다르다. 사고로 팔다리를 잃거나 눈이 보이지 않는 장애를 가진 이들의 선이다. 그러나 이 선은 끊어진 게 아니다. 눈은 보이지 않아도 눈과 연결된 선은 살아 있기 때문에 다른 감각을 통해 세상을 느낄 수 있다. 그것은 충분히 다른 소리로 변주할 수 있다는 얘기다. 팔다리 없이 태어났지만 지금은 전 세계의 희망과 감동의 상징이 된 닉 부이치치의 몸은 마치 우쿨렐레 같다. 그의 선은 남들보다 조금 짧지만 경쾌하고 아름다운 소리로 우리의 마음에 따뜻한 울림을 일으킨다.

그러나 문제는 이 시대가 다양한 소리들을 포용하거나 허락하지 않는다는 것이다. 팽팽한 선으로 연주하는 강하고 빠른 음악만을 최고로 친다. 나 같은 사람들은 도저히 낼 수 없는 소리. 함부로 흉내 내다가는 자칫 선이 끊어질 수도 있는 음악들이다. 그리고 모두가 이런 음악을 연주하라고 알게 모르게 강요한다.

이런 세상의 거대한 소음에 휩쓸리다 보면 영영 내 본래의 소리를 찾기 힘들어진다. 열등감과 자격지심으로 내 안의 소리에도 귀를 기울이지 못하게 된다. 때문에 우리는 몸이라는 현악기를 알아야 한다. 나의 선들이 지금 어떻게 떨리고 있는지를 아는 게 중요하다. 그걸 느낄 수 있어야 스스로 조율도 할 수 있다. 그래야 내가 어떤 음악을 연주할 때 가장 자연스러울 수 있는지도 알 수 있다.

나를 안다는 것은 내 몸을 울리는 열두 줄의 선을 느끼는 것에서부터 시작된다. 그리고 이 선의 울림은 내 옆에 있는 이들은 물론 자연과 우주의 울림과도 서로 영향을 주고받는다. 옆 사람의 마음이 출렁거리면 내 마음이 움직이고, 내 몸이 떨리면 문밖의 나무와 창밖의 별이 함께 흔들린다. 그렇게 우리는 각자의 몸을 연주하고 서로에게 공명하며, 장대한 우주의 오케스트라를 써나가고 있다. 마음과 몸을 울리는 12개의 선으로.

마음을 리셋하는 날

물고기처럼 온종일 눈을 뜨고
나를 깨우는 일은
몸을 흔들고 마음을 흔드는 일이다.
그 요란한 흔들림 속에서
어둠을 밝히는 불씨가 만들어진다.

지극히 개인적인 생각이지만, 아내는 지금도 소녀 같다. 로맨스 소설
을 좋아하고, 좋아하는 남자 연예인이 철마다 바뀐다. 옆에서 내가 아
무리 빈정거려도 아랑곳하지 않는다. 주말이면 아이와 나란히 앉아 조
그만 컴퓨터로 코미디 프로그램을 신나게 본다. 그렇게 아내는 언제나
작은 것에 감탄하고, 작은 일에 즐거워하곤 한다. 그럴 때면 나조차도
아내가 가진 남다름을 가끔 잊곤 한다.

생각해보면 연애할 때도 그랬던 것 같다. 아내는 내게 그저 귀여운

여자친구였을 뿐이다. 언제나 풋풋한 차향기가 나고, 음식을 조금 까다롭게 먹는 것만 빼면, 평범한 여대생이었다. 그만큼 아내는 자신의 특별함을 드러낼 줄도, 숨기는 법도 잘 몰랐다. 10여 년 전, 그날도 아내는 졸린 눈으로 '아무렇지도' 않게 말했다.

"어젯밤에 한잠도 못 잤더니 피곤하네요."

"왜? 무슨 일 있어?"

"별건 아니고, 우리 집에서는 두 달에 한 번씩 잠을 안 자는 날이 있거든요. 오늘이 그날이에요."

그녀가 가끔 이런 말을 할 때마다 나는 다시 그녀의 특이함을 떠올리게 된다. 평범한 여자인 줄 알고 사랑에 빠졌는데, 알고 보니 의문투성이의 묘령의 여인이었다는 드라마의 한 장면이 떠오르는 기분이랄까.

졸린 눈의 그녀를 보며 나는 측은하면서도 궁금한 마음이 들었다. 그래서 다음에는 좀 더 오랜 시간 동안 그녀의 곁에 있어주기로 결심했다. 두 달 후, 그녀의 철야를 돕는다는 핑계로 새벽부터 그녀의 집으로 갔다. 그리고 뭔가 특별한 이벤트라도 있을까 싶어 매의 눈으로 조용히 관찰했다.

그러나 막상 옆에서 본 그녀들의 모습은 일상과 다르지 않았다. 아내는 음악을 듣거나 책을 읽었고, 선생님도 평소처럼 집안일을 했다. 그러다 지루해지면 차를 마시며 두런두런 얘기를 나눴다. 졸리면 집

주변을 산책하기 시작했다. 그렇게 밤 12시가 되자 서로를 대견하며 24시간의 고행을 마쳤다. 옆에서 보기에는 특별할 것 없는, 그저 졸리고 피곤한 하루일 뿐이었다. 그런 그녀들의 모습이 쉽게 보였던 건지, 나는 다음부터 철야에 함께하고 싶다고 말해버렸다. 가족이 되려면 어느 정도 공감대가 필요할 것 같았고, 하룻밤 새는 거야 뭐가 어렵겠냐는 호기로움도 발동했던 것 같다.

"이건 경신庚申 수행이라고 하는 거네. 두 달에 한 번씩 돌아오는 경신일마다 잠을 자지 않는 거지. 단 1초라도 깜빡 졸면 실패야. 뭐, 그리 어려운 일은 아니지."

왜 이걸 해야 하는지, 이것을 함으로써 무엇을 얻을 수 있는지도 별로 궁금하지 않았다. 직접 해보면 저절로 알게 될 거라고만 믿었다. 그렇게 나는 '경신'이라는 새로운 문턱에 겁도 없이 올라섰다. 두 달 뒤에 뼈저리게 후회할 거라곤 꿈에도 상상하지 못한 채.

수경신守庚申. 경신일에 잠을 자지 않는 수행을 지칭하는 말이다. 나중에서야 알게 됐지만 수경신은 도가에 뿌리를 둔 유서 깊은 수행법이었다. 고려시대에만 해도 수경신은 대중적인 '축제'였다. 기록에 의하면, 모여서 술도 마시고 놀면서 밤을 지새웠다는 이야기가 전해 내려온다. 조선시대에 들어서면서부터 유교의 기세에 눌려 주춤했지만, 왕족들과 사대부 계층, 불가에서 은밀히 전해져 내려오며 맥을 이어갔다.

그런데 이 날은 왜 잠을 자면 안 되는 것일까. 그 답을 알려면 '삼시충'이라는 벌레부터 알아야 한다. 도교에서는 우리의 몸속에 상시, 중시, 하시라는 벌레가 살고 있다고 말한다. 사람의 형상을 하고 있는 상시는 '머리'에 산다. 이 벌레는 여러 가지 모습으로 변신하며 우리의 정신을 교란시키는 일을 한다. 가운데 벌레는 '중시'라고 하는데, 가슴에 살면서 식욕을 주체할 수 없게 만든다. 다이어트를 실패하게 하는 주범이다. 마지막으로 사람의 다리에 짐승의 머리를 달고 있는 '하시'라는 녀석은 아랫배에 살면서 '야한 생각'을 하도록 꼬드긴다.

한 마디로 우리가 저지르는 대부분의 나쁜 짓들은 삼시충이 부추긴 결과인 셈이다. 그런데 이 뻔뻔한 벌레들의 만행은 여기서 그치지 않는다. 그걸 일일이 다 기록해뒀다가 우리가 잠든 사이 하늘로 올라가 옥황상제에게 고자질까지 한다. 그 결과, 우리는 잘못한 만큼 수명이 단축되는 벌을 받게 되는 것이다.

한 가지 다행인 것은 삼시충이 매일 하늘에 올라가는 것은 아니라는 점이다. 공사다망한 옥황상제는 경신일에만 보고를 받게 돼 있다. 그런데 그날 하루 종일 잠을 자지 않으면 벌레들은 절대 내 몸을 빠져나갈 수 없다. 그러니 내 '벌점'도 당연히 무효가 되고, '생명연장의 꿈'도 실현되는 것이다.

생각해보면 삼시충은 무척 흥미로운 상상의 결과물이다. 내 몸 안에 숨어서 모든 행동을 지켜보고, 하늘에 고자질까지 하는 존재가 있다니….

이걸 곧이곧대로 믿었던 사람들에게는 꽤 무서운 벌레였을 것이다. 주체할 수 없는 욕망이 꿈틀댈 때마다 마치 내 안의 삼시충이 정말로 꿈틀댄다고 믿었을 테니까.

그리고 직접 수경신을 해보니 알 것 같았다. 정말 삼시충이 몸 밖으로 빠져나오려고 요동치는 기분이랄까. 평소에는 밤을 새워 책을 읽거나 글을 써도 괜찮았는데, 경신 때는 유난히 잠이 오고 정신이 없는 느낌이 들었다. 마치 머리에 사는 상시가 '빨리 자라'고 눈꺼풀을 잡아당기는 것처럼. 게다가 그날따라 왜 그렇게 먹고 싶은 게 많은지, 평소보다 유난히 배도 고프다. 이 역시 음식을 많이 먹여 잠들게 하려는 중시의 짓이 분명하다. 뿐만 아니라 하시는 그 전날부터 끊임없이 야한 생각을 불러일으킨다. 만약 이때 넘어가면 수경신은 물 건너가는 거다. 이처럼 경신 때는 삼시충이 24시간 동안 맹렬한 협공을 한다. 평소에 수없이 나를 이겨본 욕망의 벌레들은 나를 어떻게 다뤄야 하는지 너무 잘 알고 있다.

그중에서도 가장 무서운 것은 '잠'에 대한 본능이다. 성욕이나 식욕은 하루 정도 참는다고 해도 특별한 일이 생기는 건 아니다. 다이어트를 위해 며칠씩 단식하는 사람도 많다. 그러나 아무리 강한 사람도 잠을 자지 않으면 버틸 수 없다. 심지어 하룻밤만 새도 다음 날 정신을 차리기 힘들다. 의외로 보통 사람들이 가장 취약한 것이 바로 잠에 대한 욕망이다.

해병대 극기 훈련이나 밀린 업무와 바쁜 스케줄 때문에 어쩔 수 없이 밤을 새는 것은 차라리 낫다. 무엇인가에 집중하느라 시간이 어떻게 가는지도 모를 테니까. 그러나 수경신은 지켜보는 사람도 없고, 급박하게 처리해야 할 일도 없다. 순전히 잠과 내가 오롯이 함께 시간을 보내야만 한다. 그렇게 한참 동안 잠과 사투를 벌일 때는 10분이 1시간처럼 느껴지기도 한다. 잠이 올수록 시간은 늘어난 고무줄처럼 점점 길어졌다. 첫 번째 고비는 보통 새벽 6시에 찾아온다. 18시간이나 남았다고 생각하는 순간, 지루한 공포가 밀려온다. 지금도 이렇게 힘든데 18시간이나 더 버텨야 하다니….

그때마다 내가 나를 달래야 한다. 한 가지 소원을 생각하고, 잠을 자지 않으면 그 소원이 이루어질 거라고 믿어보기도 한다. 그러나 상시라는 벌레가 또 한 번 꿈틀대면 이마저도 소용없어진다. 가장 무서운 '무의미론'이 등장하기 때문이다.

'내가 지금 뭘 하고 있는 거지? 경신이 도대체 뭐라고. 잠을 푹 자야 몸도 충전되고 정신도 맑아지지, 이런 멍한 상태로 피로만 쌓이는 게, 도대체 무슨 도움이 되겠어? 몸의 리듬만 깨질 뿐이야.'

갑자기 온갖 과학과 논리를 들먹이며 내가 자야만 하는 이유를 10가지도 넘게 떠올린다. 이럴 때 주변 사람들의 걱정과 충고가 더해지면 무너지는 건 시간문제다. 나 역시 처음에는 이걸 내가 왜 한다고 했을까 하고 수없이 후회했다. 그녀들과 함께 하지 않았다면 진작 삼시충에게 굴복했을 것이다. 다행히 두 사람 덕분에 첫 번째 수경신을 무사히 마칠 수 있었다.

그렇게 힘든 고비를 넘겨야 함에도 나는 어느새 두 번째, 세 번째 수경신을 하고 있었다. 그리고 횟수가 점점 늘어날수록 수경신은 내가 미처 알지 못했던 삶의 다양한 모습을 보여주었다. 평소에는 제대로 실감하지 못했던 욕망을 날것 그대로 느끼게 해주었고, 수경신이야말로 습관적인 욕망의 배열을 완전히 흔들어 '리셋'시키는 일이라는 것도 알게 됐다. 컴퓨터를 재부팅하는 데도 일정한 시간이 걸리듯 우리의 몸과 마음을 재부팅하는 데 하루를 꼬박 쓰는 것이다. 실제로 온전히 하루 동안 깨어 있으면 흐트러졌던 몸의 리듬을 바로 세우기가 수월해진다. 어쩌다 보니 잠을 늦게 자는 습관이 생겼다든지 수면리듬이 깨져 숙면을 취하지 못했다면, 경신 후에 이를 새롭게 바꿀 수 있다.

다른 욕망의 습관들도 마찬가지다. 삼시충의 합동공격을 끝까지 막아내고 마침내 잠자리에 들 때면 '해냈다'는 충만감이 온몸을 가득 채운다. 언제나 휘둘리기만 했던 욕망을 단 하루지만 온전히 컨트롤해냈다는 것은 생각보다 훨씬 기분 좋은 일이다. 잠을 이겨냈던 몸의 기억은 내 욕망을 부드럽게 관조하고, 여유 있게 다룰 수 있는 힘을 준다. 그렇게 수경신은 내게 삶을 돌아보고 점검하고 새롭게 스스로를 흔들어 깨우는 삶의 '마디'가 됐다.

경신은 육십갑자에 의해 두 달에 한 번꼴로 돌아온다. 한 번 끝내고 나면 다음 경신까지 꽤 여유가 있는 것 같지만 막상 해보면 그렇지도 않다. 수경신을 하면 할수록 이것이 결코 쉽지 않다는 것을 알게 되기 때문이다. 평소에 몸 관리와 마음 관리를 안 하다가 갑자기 하려면 실패확률은 100%에 가깝다.

나도 한번은 경신을 얕잡아 보고 전날 늦게까지 글을 썼다가 실패하고 말았다. 졸려서 산책을 나갔는데 나도 모르게 자면서 걷고 있었던 것이다. 그 순간, 깨끗이 포기하고 집에 와서 잤다. 하루를 온전히 내 뜻대로 살려면 두 달을 꼬박 준비해야 한다. 정신을 맑게 하고, 과식을 피하고, 욕망을 절제할 줄 알아야 한다. 평소에 삼시충을 다룰 수 있어야, 그리고 내 몸에 잘못하지 않아야, 그 하루를 온전히 보낼 수 있다. 매일 정성스레 준비한 경신이야말로 즐거운 축제가 되는 것이다.

10년 넘게 이어온 수경신 중 그 과정에 적응해야 하는 여섯 번째 경신까지가 가장 어려웠던 것 같다. 그런데 유난히 힘들었던 여섯 번째 수경신이 끝나던 날 새벽, 나는 뜻밖의 선물을 받았다. 내 평생 잊을 수 없는 꿈. 그 꿈으로 인해 내 안의 스위치 하나가 딸각, 켜지고 새로운 빛이 눈부시게 쏟아졌다. 그리고 그 빛 속에서 나는 점차 또 다른 세상을 보기 시작했다.

직관의 스위치를 켜다

갇혀 있던 샌드백을 찢고
세상 밖으로 나왔을 때
어디선가 딸깍하고 불이 켜졌다.
그 불빛이 비추는 세상은
말없이 공감할 수 있는 것들로
가득 차 있었다.

1999년에 개봉되었던 영화 '매트릭스'는 지금도 잊을 수 없다. 당시로서는 충격에 가까웠던 CG와 화려한 액션도 이슈였지만, 블록버스터 영화에서도 묵직한 존재의 근원을 물을 수 있다는 사실이 더 놀라웠던 작품이었다. 그런데 이 영화 속에서 주인공 네오보다 더 눈길이 갔던 인물은 따로 있다. 바로 네오를 각성시키는 인물, 모피어스다. 그는 영화 초반, 매트릭스가 무엇이냐고 묻는 네오에게 직접 보는 수밖에 없다며 2개의 알약을 내민다.

"파란 약을 먹으면 지금 살고 있는 이 세계에 남게 된다. 침대에서 깨어나 평소처럼 네가 하던 대로 살면 돼. 빨간 약을 먹으면 이곳이 아닌 다른 세계에 가게 되지."

네오는 결국 빨간 약을 선택하고 자신이 살고 있던 세계가 거대한 허상이었음을 깨닫게 된다. 그가 자신의 존재를 깨닫고 인류를 구원하는 절대자로 성장하는 데 있어 모피어스의 역할은 결정적이다. 네오를 찾아낸 것도, 그가 현실을 깨닫도록 도와준 것도, 최강의 전사로 키워낸 스승도 모두 모피어스다.

그런데 이 예사롭지 않은 인물, 모피어스가 원래는 그리스 신화에 등장하는 신神의 이름이라는 것을 아는 사람은 많지 않다. 모피어스 혹은 모르페우스라 불리는 그는 잠의 신인 힙노스의 큰 아들이며 꿈의 신이다. 잠든 사람의 곁으로 가 꿈을 만들어내는 신. 모피어스는 꿈속에서 누군가의 모습으로 나타나 메시지를 전달하는 전령사의 역할을 한다. 가상세계인 매트릭스 안으로 들어가 네오에게 예언을 전하는 영화 속 모피어스와도 닮아 있는 부분이다.

그런데 왜 하필 모피어스일까? 신화 속에는 지혜의 신 아테나, 전쟁의 신 아레스를 비롯해 막강한 신들이 얼마든지 있다. 그런데 왜 감독은 '꿈의 신' 모피어스에게 길잡이의 역할을 맡겼을까? 어쩌면 의식 너머의 무엇, 이성이 잠든 후 깨어나는 직관이야말로 가장 믿을 만한 조력자라는 메시지를 담은 것은 아닐까. 실제로 나에게도 꿈은 그런 의미였다.

여섯 번째 경신이 끝나던 날, 나는 모피어스와 처음으로 만났다. 물론 영화에서처럼 검은 선글라스와 바바리코트 차림의 남자가 나타난 것은 아니다. 다만 아주 특별한 종류의 꿈을 꾸었다. 그런 꿈은 꾸는 순간, 뭔가 다르다는 것을 알게 된다. 갑자기 꿈속의 밀도와 중력이 현실처럼 변하기 때문이다. 누군가의 숨결이나 체취가 고스란히 피부에 닿고 공기의 진동마저 느껴지는 것 같다. 가상세계 속의 네오처럼 꿈도, 현실도 아닌 제3의 영역에 들어온 느낌이 든다.

꿈속에서 나는 황량한 옥상에 서 있었다. 그 한가운데에는 군데군데 주름지고 빛바랜 커다란 샌드백이 쇠사슬에 매달려 있었다. 나는 그 앞에 서 있었고 주위에는 아무도 없었다. 노을이 하늘을 붉게 물들이고 바람이 불어와 내 살갗을 스치고 지나갔다. 고요하고 쓸쓸한 풍경이었다. 그런데 내 앞에 매달려 있던 샌드백이 조금씩 흔들리기 시작했다. 처음에는 바람 때문인 줄 알았는데 그게 아니었다. 바람이 멈춘 후에도 샌드백은 여전히 제멋대로 움직이고 있었다.

나는 무심결에 발로 샌드백의 바닥을 툭, 건드려보았다. 딱딱한 뭔가가 안에 있었다. 이게 뭘까 궁금해지려는 찰나, 갑자기 소리가 들렸다. 작고 힘없이 웅얼거리는 소리였다. 나는 깜짝 놀라 뒷걸음질 치며 주변을 둘러보았다. 그러나 주위에는 아무도 없었다. 시간이 지날수록 웅얼거리던 소리는 점점 더 커지기 시작했다.

"살려주세요."

    소리는 분명히 샌드백 속에서 나고 있었다. 목소리가 커질수록 샌드백은 점점 큰 동선을 그리며 움직이기 시작했다. 어느덧 그 목소리는 자기를 제발 여기서 꺼내달라며 애원하고 있었다. 나는 어쩔 줄 몰라 가만히 서 있었다. 지금 내가 꿈을 꾸고 있다는 생각은 들었지만 발이 땅에 붙어 떨어지지 않았다.

    그런데 조금 후 샌드백의 가죽이 날카로운 칼로 베어지듯 저절로 갈라지기 시작했다. 그 안에서 모래가 우수수 쏟아져 나왔다. 모래가 떨어질수록 샌드백 안은 점점 비어갔고 희미한 무언가의 모습이 보이기 시작했다. 그러나 막상 정체를 확인하려는 순간, 나는 퍼뜩 잠에서 깼다. 현실로 돌아온 후에도 그 목소리는 한동안 귓가에 맴돌았다. 좀처럼 잊을 수 없는 꿈이었다. 그리고 무엇보다 분명한 '메시지'를 담고 있었다. 선생님은 꿈 얘기를 듣더니 진지한 표정으로 말했다.

    "샌드백에서 나왔으니, 이제 얻어터지고 다니지는 않겠군. 걱정하지 말게나. 경신이 끝나면 뭔가 특별한 꿈을 꾸곤 하니까."

    그 꿈은 내 안의 스위치가 켜졌다는 신호였다. 가끔씩 나는 샌드백에 갇힌 것처럼 어둡고 답답한 동굴 안을 헤매는 기분이 들 때가 있었다. 아무것도 보이지 않는 캄캄한 그곳에서 낯선 소리가 들리거나, 스치듯 사라지는 것들이 느껴지기도 한다. 하지만 장님이 코끼리다리를 만지듯 단편적인 느낌은 있었지만 전체적인 윤곽을 알 수는 없었다.

한 치 앞도 보이지 않는 어둠 속에서 뭔가를 느낀다는 것은 때로 공포가 되기도 한다. 이게 무엇인지, 내가 어떻게 받아들여야 할지 도무지 알 수 없었으니까. 하지만 먹고, 자고, 보고 배우는 것들을 바꿔간 그동안의 수도승 같은 생활은, 어둠 속에서 점점 더 많은 것들을 느낄 수 있게 해주었다. 때로는 옆자리에 무심히 앉아 있는 사람의 지친 하루가 전해졌고, 내가 서 있는 땅의 강한 에너지가 느껴지기도 했다.

그렇게 어둠 속에 묻혀 보이지 않았지만 이전부터 함께 하고 있던 세상의 수많은 신호들이 점점 더 선명하게 그 모습을 드러내기 시작했다. 새벽이 가까워지면 어둠 속에 잠겨 있던 사물들이 어슴푸레 보이는 것처럼. 그러다 여섯 번째 경신일 날 마침내 환한 빛으로 쏟아져 들어왔다. 내가 그 어둠 속에서 나오자, 내 안의 전등 스위치 역시 딸깍, 켜진 것이다.

그 이후 나는 보이지 않는 세계에 대한 두려움과 의구심을 갖지 않게 되었다. 그리고 세상을 좀 더 '큰 그림' 속에서 다시 보게 되었다. 예전에는 누군가의 화난 표정과 말투만 보고 그 사람을 판단했다. 그저 가까이 가기 힘든 까칠한 사람이라고만 생각했다. 그런데 내 안의 스위치가 켜지면서 그를 누르고 있는 삶의 무게와 그 무게를 버티려는 그의 긴장이 보이기 시작했다. 그가 왜 화를 내고 있는지, 그의 삶이라는 큰 그림 속에서 그를 이해하게 된 것이다.

그것은 오랜 시간 상대방과 대화하고 머리로 판단한 관찰과 분석의 결과가 아니었다. 어두운 방에 전등 스위치를 켜면 그 방에 있는 모든 가구와 물건이 한눈에 보이듯, 그냥 알게 되는 것이었다. 말 그대로 '직관'의 눈이 새롭게 열린 것이다. 그 눈을 통해 나는 전혀 다른 방식으로 세상과 소통하게 되었다. 논리와 판단에서 직관과 공감으로. 세상은 이해할 수 없어도 공감할 수 있는 것들로 이미 가득 차 있었다.

우리의 뇌에는 '제3의 눈'이라고 불리는, '직관의 눈'을 담당하는 기관이 있다. 솔방울처럼 생겼다고 해서 '솔방울샘' 혹은 '송과체'라고 불리는 이 기관은, 뇌의 한가운데에 자리 잡고 있다. 그리고 양 미간 사이의 한 점과 연결돼 있다. 앞에서 소개한 인당혈이다. 인당은 불교에서 불상의 미간에 보석을 박아놓은 바로 그 자리다. 깊은 명상에 들어 있을 때는 눈을 감아도 미간 사이에서 밝은 빛이 느껴지곤 하는데, 이를 마치 보석이 빛나는 것처럼 표현한 것이다.

많은 연구자들이 송과체를 눈에 보이지 않는 영적이고 직관적인 세상을 볼 수 있는 '제3의 눈'이라고 말해왔다. 실제로 송과체는 동서고금을 막론하고 영성의 상징으로 은유돼왔다. 동양의 신선도에서 신선들은 대부분 솔방울이 달린 소나무 아래 자리를 잡고 있고, 바티칸 정문에는 거대한 솔방울 동상이 있으며 교황의 지팡이에도 솔방울이 등장한다.

현대의학으로 밝혀진 송과체의 역할은 빛에 반응해 특정 호르몬을 분비하는 것이다. 빛이 있으면 몸을 활성화시키는 호르몬을 분비하고 빛이 없으면 수면을 유도하는 호르몬을 분비해 깊은 잠에 들게 한다. 그런데 특이한 점은 빛에 대한 송과체의 감각이 우리가 눈을 감고 있을 때도, 두꺼운 커튼이 처진 밀실에 있을 때도 발휘된다는 점이다. 보름달이 떠오른 날, 많은 사람들이 자신의 침실에서 영문도 모른 채 잠을 설치는 것은 이 때문이다. 막혀진 벽 사이로, 어둠 속에서도 송과체의 눈은 우리의 두 눈이 인지하지 못하는 빛과 어둠의 변화를 느끼는 것이다. 그리고 그 보이지 않는 빛과 어둠 속에는 우리의 두 눈이 담아내지 못하는 또 다른 세상의 모습들이 담겨져 있다.

경신 수행을 하는 것은 송과체의 눈을 뜨게 하기 위한 중요한 자극일 수 있다. 잠을 자지 않으려는, 잠을 위한 순수한 몸부림이 불씨가 되어 송과체의 눈을 뜨게 하는 빛이 되는 것이다. 밝은 곳에 있어도 졸음이 오고 잠이 들 수 있다. 하지만 밝게 켜진 내면의 빛 앞에서는 더 이상 잠이 오지 않는다. 스스로 밝힌 빛은 그렇게 직관의 눈을 뜨게 하는 마중물이 되는 것이다.

영화 매트릭스의 마지막 장면은 네오의 각성이다. 사랑의 힘으로 죽음에서 부활한 네오는 새로운 눈을 뜬다. 그 눈으로 보는 현실은 이전과 전혀 다른 세상이다. 사람과 공간, 세상의 모든 것이 0과 1이라는 이진법으로 이루어져 있음을 알게 된다. 만물을 만드는 근원의 공식,

공통의 코드를 해독하게 된 것이다.

직관의 눈을 통해 느끼는 세상 역시 이와 비슷하다. 우리는 모두 전혀 다른 모습이고, 각자 떨어져 있는 것처럼 보인다. 그러나 그 모든 것은 서로 이어져 있고 각자의 흔들림으로 끊임없이 소통을 시도하고 있다. 그것은 그 이어짐을 아는 순간, 우주라는 거대한 매트릭스를 조금 더 이해하게 될 수 있다는 뜻이기도 하다. 말없이 서로를 느끼고 말없이 서로에게 다가갈 수 있다는 의미이기도 하다. 보이는 것 뒤의 보이지 않는 세계. 그동안 어둠 속에서 어렴풋이 느껴왔던 진실은 이토록 찬란했다.

어두운 방에 전등 스위치를 켜면 그 방에 있는 모든 가구와 물건이 한눈에 보이듯,
그냥 알게 되는 것이었다. 말 그대로 '직관'의 눈이 새롭게 열린 것이다.
그 눈을 통해 나는 전혀 다른 방식으로 세상과 소통하게 되었다.
논리와 판단에서 직관과 공감으로
세상은 이해할 수 없어도 공감할 수 있는 것들로 이미 가득 차 있었다.

자석이 된 마음, 공전하는 욕망

함께 커가는 욕망은
아무리 당겨도 부딪치지 않는
삶의 중력을 만들어낸다.
그 힘의 균형 속에서
세상의 평화로운 공전은 시작된다.

몇 달 전, 아이가 다니는 유치원에 작은 행사가 열렸다. 부모들을 모아
놓고 아이가 그동안 연습한 노래와 춤을 보여주는 날이었다. 그날따라
평소에는 잘 보이지 않던 아빠들이 꽤 많이 왔다. 유치원 앞마당에서
아이들이 준비한 무대를 보고 있는데 하필 내 주위로 키가 큰 아빠들
몇 명이 서게 되었다. 순식간에 내 앞뒤로 큼지막한 병풍이 쳐졌고, 친
구들과 노래하던 내 아이는 갑자기 사라진 아빠를 찾아 두리번거리기
시작했다. 나는 아이와 눈을 마주치기 위해 까치발을 들어야 했고 비

좁은 그곳에서 공연이 끝날 때까지 그 자세를 유지해야 했다.

하지만 이런 수고로움이 온전히 아이와 눈을 마주치기 위한 것만은 아니었다. 나를 가로막던 대열의 앞에서 조금은 편한 자세로 공연을 볼 수도 있었지만 행여 아이가 아빠의 비교적 아담한 키를 눈치 채지는 않을지, 그래서 실망하지 않을지 걱정이 되어서였다.

나는 지금까지 내 키에 대해 불만을 가져본 적이 거의 없다. 발이 힘들까봐 굽이 높은 구두도 신지 않는다. 어쩌다 한 번씩 생기는 그날 같은 경우를 빼고는, 나의 크기가 특별히 불편했던 적도 없었다. 타인의 시선에 신경 쓰는 삶이 얼마나 무의미한지, 있는 그대로의 자신을 소중히 여기는 마음이 얼마나 값진 것인지를 줄기차게 얘기해왔던 나였으니까. 그런데 아이에게 좀 더 멋진 아빠가 되고 싶은 본능적인 욕망은 처음으로 나에게 숨어서 까치발을 들게 했다. 지금도 그날의 부끄러운 기억이 떠오를 때마다 피식, 웃음이 난다.

아직 어린 아이에게는 아빠의 키가 세상의 기준이다. 아이는 모름지기 남자란 아빠보다 너무 크지도, 너무 작지도 않아야 한다고 믿고 있다. 그러나 정작 나는 내 옆에 서 있는 키 크고 잘생긴 아빠들을 보고 일종의 '자극'을 받았다. '나도 저 사람처럼 조금 더 그럴듯한 모습이었다면 더 좋지 않았을까?'라는 생각이 고개를 드는 순간, 나는 평생 아무 문제없었던 내가 못마땅해지기 시작했다. 나 자신이 더 작게 느껴졌고, 내 유전자를 물려받은 아이에게 미안해지기도 했다. 정반대의 극성을 끌어오는 자석처럼 플러스를 욕망하는 순간, 마음은 마이너스 극성을 띠기 시작한 것이다.

어쩌면 우리가 무엇인가를 욕망한다는 것은 스스로를 자석으로 만 드는 일인지도 모른다. 여기저기 분산돼 있던 마음이 그 대상을 향해 일렬로 배열되는 것이다. 값비싼 명품시계를 보면 내 손목에 차고 싶 고, 예쁘고 멋진 여자를 만나면 사귀고 싶어진다. 호화로운 집에서 고 액 연봉을 받으며 고급 승용차를 타고 다니는 친구를 보면 그처럼 살 고 싶다는 뜨거운 열망이 솟구친다.

그런데 참 이상한 것은 무엇인가를 갖고 싶어지는 순간, 마음은 그 열망만큼이나 불편해진다는 것이다. 그동안 잘 차고 다니던 시계들이 싸구려로 보이고, 그런 시계를 차야 하는 나의 모습도 초라해 보이기 시작한다. 시계 하나가 멀쩡한 삶을 '가난한 인생'으로 만들어버리는 것이다. 아름다운 여자를 원하는 마음도 마찬가지다. 평범한 여자를 만났을 때는 자신감 있던 남자들도 예쁜 여자를 만나면 괜히 허세를 부리고 어깨에 힘이 들어가게 된다. 어쩌다 사귀게 된다 해도, 그녀가 나를 계속 사랑해줄지 불안하기만 하다.

자석의 N극을 끌어오려면 정반대인 S극이 돼야 하듯, 돈, 행복, 스 펙을 갖겠다고 마음먹는 순간 마음은 가난해지고 불행해지며 변두리 로 밀려난다. 마음의 배열을 정반대로 바꿔야 원하는 것을 끌어올 수 있으니까. 때문에 대상을 강하게 열망하면 열망할수록 마음속 번뇌는 더 깊어진다. 슬프고도 아이러니한 일이 아닐 수 없다.

물론, 욕망은 우리의 삶에서 꼭 필요한 에너지다. 욕망 자체를 부정하는 것이 아니다. 지구의 자성이 나침반을 움직이듯, 욕망은 우리 삶의 나침반이 되어 우리가 가야 할 길을 알려준다. 자성을 잃은 막대자석은 평범한 쇳덩이가 되어버리듯, 욕망이 사라진 삶은 자신이 가야 할 방향을 잃어버리기 쉽다.

그리고 실제 현실에서 강한 자석의 욕망은 놀라운 힘을 발휘하기도 한다. 이 세상의 많은 꿈들은 결핍에서 시작된다. 돈, 명예, 행복에 대한 결핍감이야말로 성공을 부르는 가장 강력한 원동력이자 추진력이었다. 이러한 자석의 욕망은 분명한 목적, 확실한 성취가 있을 때 무서운 집중력과 투지를 보인다. 우리는 일상에서 그런 열정으로 인생역전에 성공한 사람들의 이야기를 자주 보고 듣곤 한다. 사회는 언제나 우리에게 '동기부여'라는 이름으로 내면의 결핍을 각성시킨다. 자석의 욕망이야말로 경쟁사회에 최적화된 방식인 것이다.

문제는 무엇인가를 끌어당긴 이후다. 원하는 돈과 사랑, 사회적 지위를 손에 얻게 되면 그것은 더 이상 욕망의 대상이 아니다. 이미 내 육체와 한 몸이 되어버려 더 이상 끌어당길 수 없기 때문이다. 그 순간, 마음속의 자석은 사라져버린다. 그토록 나를 가슴 뛰게 만들었던 것을 막상 손에 쥐고 나면, 뭘 어떻게 해야 할지 알 수가 없다. 허무함마저 밀려온다. 이 불행에서 벗어날 방법은, 또 다른 대상을 끌어당기는 것뿐이다. 끊임없이 무엇인가를 향해 마음의 극성을 바꾸는 것이다. 그렇게 우리는 평생 자석의 노예로 살아간다. 피곤하고 지쳐도 끌어당기는 일을 멈출 줄 모르고, 늘 갖지 못할까봐 불안한. 때로는 불필요한 것까지 욕망하느라 힘들게 까치발을 들며 살아가기도 한다.

자석의 욕망에 길들여지다 보면 때때로 끌어당기지 말아야 할 것까지 당기곤 한다. 사랑하지도 않으면서 필요에 의한 욕망에 사로잡혀 누군가를 만나고 결혼하는 것은 서로에게 불행을 가져오는 일이다. 그런 판단으로 인해 언젠가 마주칠 진정한 사랑의 기회를 놓칠 수도 있다. 돈의 욕망에 사로잡히면 누군가를 속이거나, 굳이 필요 없는 사람에게까지 물건을 팔고 계약을 체결해 나의 이익을 챙기게 된다. 그렇게 벌어들인 돈은 그 돈을 노리는 무수한 적들을 만들어낼 뿐이다.

사회적 지위에 대한 욕망은 직업을 단순한 수단으로 삼기도 한다. 하지만 생명에 대한 애정과 아픈 이에 대한 연민 없이 의사가 되고, 약자에 대한 사명감과 사회적 책임감 없이 변호사가 되는 것은, 자신을 일하는 기계 혹은 돈 버는 기계로 전락시켜갈 뿐이다. 어찌 보면 그 길을 걸어야 할 사람의 기회를 뺏는 일일 수도 있다.

그렇게 내 마음이 강력한 자석이 되어갈수록 누군가의 소리는 물론, 내면의 소리조차 듣기가 쉽지 않다. 목표물을 향해 마음을 일렬종대로 배치시키는 자석의 욕망은 일종의 '마음의 독재'이기 때문이다. 지나친 자석의 욕망은 옳고 그름에 대한 분별과 균형감각을 무너뜨리기 쉽다.

우리 삶에는 자석의 욕망만 있는 것은 아니다. 내 극성을 바꾸지 않고도 원하는 것을 끌어당기는 또 다른 방식이 있다. 태양과 지구처럼, 지구와 달처럼 나와 대상이 공전하는 것이다. 탄생할 때 수많은 운석들과 부딪치고 깨지면서 자신의 밀도와 질량을 만들어가는 별처럼 우리는 수많은 만남과 경험을 통해 삶의 밀도와 질량을 만들어간다.

삶의 밀도가 높아질수록 내 삶은 무언가를 끌어당길 수 있는 강한 중력의 힘을 가지게 된다. 그리고 내가 가진 힘과 균형을 이룰 수 있는 대상을 만났을 때 일정한 궤도를 그리며 그 주위를 평화롭게 공전한다.

일본 작가 오가와 요코가 쓴 《박사가 사랑한 수식》에는 이런 '공전의 욕망'에 충실한 인물이 나온다. 주인공인 '박사'는 평생 수학만을 공부해온 사람이다. 그러나 젊었을 때 불의의 교통사고로 뇌를 다친 후에는 기억이 80분밖에 지속되지 않는다. 그러나 그는 기억이 없어진 상태로도 수학과의 공전을 멈추지 않는다.

그가 수학을 공부하는 것은 어떤 목적을 위해서가 아니다. 상을 받아 명예를 얻거나 수학으로 뭔가를 하기 위해서가 아니다. 오히려 실생활에 보탬이 되지 않기 때문에, 그래서 더욱 수학의 질서가 아름답다고 늘 얘기한다. 그에게 수학은 눈에 보이는 현상을 넘어 영원한 진실을 해명하고 표현하는 일이기 때문이다. 그는 사람을 대할 때도 숫자를 대하듯 한다. 새로운 가사도우미가 오면 신발 사이즈나 전화번호를 묻는다. 그리고 이렇게 말한다.

"5761455라고? 정말 멋진 수가 아닌가? 1에서 1억 사이에 존재하는 소수의 개수와 정확히 일치하는군."

박사의 일상은 매달 수학저널에 실리는 어려운 수학문제를 푸는 것이다. 문제를 풀기 위해 자신의 모든 시간과 열정을 바치지만 막상 문제를 푼 대가로 받는 현상금 봉투는 뜯어보지도 않는다. 오히려 문제를 풀어낸 순간, 입이 무거워진다. 자신이 얼마나 노력했는지를 누군가 알아주기를 원하는 것도 아니다. 다만 자신이 만든 '진실'이 완전한지 아닌지를 확인한 후에 그저 말없이 앞으로 나아갈 뿐이다.

수학에 대해서만 그런 것이 아니다. 그는 주변 사람들에게 최선을 다하지만 그것을 상대방이 알아주기를 원하지 않는다. 마치 숫자를 대하듯 어린아이도 무시하지 않고, 어떤 선입견 없이 그 안에 담긴 무수한 잠재력을 발견하고 일깨운다.

공전의 욕망이 자석이 되지 않는 것은, 그리고 서로의 궤적을 따라 평화롭게 공전할 수 있는 것은, 서로의 질량이 함께 커지고 있기 때문이다. 내가 커진 만큼 욕망의 대상 역시 만만치 않은 상대로 성장한 것이다. 수학의 아름다움을 알아갈수록, 수학의 비밀에 다가갈수록 박사에게 수학의 가치는 더 커져만 갔다. 실제로 한 분야의 대가들은 하나같이 이렇게 말한다. 알면 알수록, 하면 할수록 모르고 어려운 게 더 많다고. 세기의 천재 뉴턴조차 이렇게 말했다.

"세상 사람들은 나를 어떻게 생각할지 모르나, 나는 무한히 펼쳐진

진리의 바닷가에서 작은 조약돌이나 예쁜 조개껍데기를 찾는 어린이에 지나지 않았다고 생각한다."

그가 평생 공전했던 과학이라는 큰 별은 파고들수록 더 거대하게 보였을 것이다. 그것은 꼭 진리나 학문에만 통용되는 것은 아니다. 사람도 마찬가지다. 누군가를 진실로 사랑하면 그 안의 거대한 우주가 보인다. 감히 내 막대자석으로는 끌어당길 수 없는 미지의 세계가 말이다. 아내와 남편은 물론, 자식도 그렇다. 서로의 존재를 인정하고, 성장을 지켜보면서 너무 가깝지도, 너무 멀지도 않은 궤도를 만들어나갈 때 평화롭게 공존할 수 있다.

살다 보면 언젠가 알게 된다. 내 삶이 신화 속에 나오는 시시포스와 별로 다르지 않음을. 바위를 굴려서 올라가면 또 떨어지고, 다시 굴려서 올라가도 끊임없이 떨어지는 시시포스처럼 우리는 끊임없이 삶이라는 자석에 붙일 대상을 찾고 버리고 또 찾는다. 성취와 성공의 즐거움을 위해 감수해야 하는 지겨운 노동의 과정이 바위처럼 내 삶을 짓누르고 있는 것이다.

이 끝없는 직선운동을 멈출 방법은 저 별들처럼 둥글게 도는 것이다. 무엇을 위해서, 무엇이 되려고 공전하는 것이 아니다. 그러니 힘들게 까치발을 들 필요도 없다. 둥근 궤도에는 승리자도 패배자도, 가진 자도 못 가진 자도 없다. 그저 운명이 다할 때까지 서로의 중력에 이끌려 아름다운 궤적을 그릴 뿐이다.

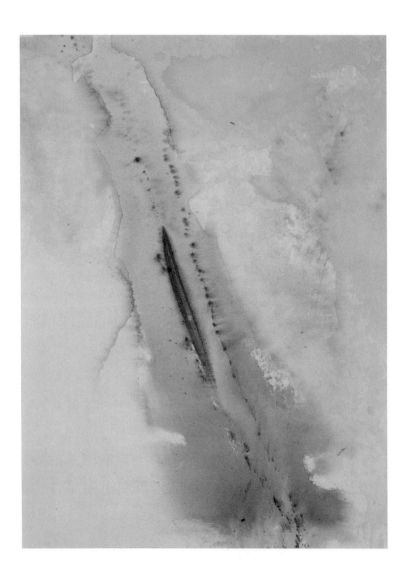

우리 삶에는 자석의 욕망만 있는 것은 아니다.
내 극성을 바꾸지 않고도 원하는 것을 끌어당기는 또 다른 방식이 있다.
태양과 지구처럼, 지구와 달처럼 나와 대상이 공전하는 것이다.
삶의 밀도가 높아질수록 내 삶은 무언가를 끌어당길 수 있는
강한 중력의 힘을 가지게 된다.
그리고 내가 가진 힘과 균형을 이룰 수 있는 대상을 만났을 때
일정한 궤도를 그리며 그 주위를 평화롭게 공전하기 시작한다.

노력중독

토끼는 숲을 달려야 하고
거북이는 바다를 헤엄쳐야 한다.
우리가 동경하는
토끼와 거북이의 서글픈 경주는
이제 그만 끝나야 한다.

사람들은 그녀를 '나무늘보'라 부른다. 가끔 집에 놀러오는 P씨의 얘기다. 그녀는 별명처럼 뭐든지 느릿느릿하다. 아침에 일찍 일어나서 운동이나 영어공부를 한다는 건 꿈도 못 꾼다. 매일 9시에 출근하는 것만도 스스로가 대견하단다. 주말에는, 본인의 표현을 빌리자면, 땅바닥에 붙어 지낸다고 한다. 가장 확실한(?) 스트레스 해소법도 누워 있거나 자는 것이다. 아무리 화나는 일이 있어도 몇 시간 자고 일어나면 절반은 사라진다고 했다.

감정도 그런 몸을 닮아 급하게 내지르는 법이 없다. 화가 나도, 뭔가 마음 상하는 일이 있어도, 상대방에게 즉각적으로 얘기하지 못한다. 웬만한 건 혼자 천천히 삭히는 편이다. 그래도 걸리는 게 있으면 신중하게 생각에 생각을 거듭하다가 며칠이 지나서야 차분히 얘기하는 편이다. 그래서 사람들은 그녀의 성격이 마냥 느긋하고 편안할 것이라고만 생각한다. 그러나 그녀는 사실 자신의 그런 성격에 대해 불만이 적지 않다.

"저희 사장님은 잠도 없고 엄청 부지런한 스타일이시거든요. 그러니까 당신의 회사를 세울 정도로 성공했는데, 가끔 저에게 게으르다고 뭐라고 하실 때가 있어요. 주말이나 새벽 시간을 이용해서 영어라도 배우라며, 자기계발에 관심이 없다고요."

P씨도 나름대로 노력을 안 해본 건 아니다. 일본어, 영어 새벽반 등록은 물론이고 국선도, 요가까지 쉼 없이 도전해봤다. 그런데 죄다 한 달을 넘기지 못하고 포기했다. 새벽에는 눈도 안 떠지는 데다 일찍 일어나야 한다는 것 자체가 엄청난 스트레스였던 것이다. 그럴 때마다 P씨는 스스로가 너무 싫다고 했다. 자신도 사장님이나 성공한 사람들처럼 뭔가에 미친 듯이 열정을 쏟고 싶은데 늘 같은 자리만 맴도는 자신이 한심하다는 얘기다. 우울해하는 그녀의 모습을 보니 안쓰러운 마음이 들었다.

굳이 말은 하지 않았지만 그녀는 만날 때마다 늘 지쳐 있었다. 항상 두통에 시달리고 있었고, 구부정한 등에 팔다리는 힘없이 늘어져 있었다. 바람처럼 달리는 사장 옆에서 느린 몸으로 보조를 맞춰 뛰려면 남들보다 두세 배는 더 일할 수밖에 없다. 때문에 P씨는 늘 만성과로 상태였다. 그럼에도 윗사람들은 그녀에게 더 빨리 걸으라고 재촉하기 일쑤였다. 열정과 꿈을 가지고 노력하면 뭐든지 할 수 있다며, 그녀의 '게으름'을 은근히 타박했다.

그러나 내가 본 P씨는 전혀 게으르지 않았다. 다만 일관되게 자신의 느릿한 '리듬'대로 살고 있을 뿐이었다. 평소에는 뭐든지 재빠르고 날렵한 사람인데 아침에만 못 일어난다면 게으름일 수도 있다. 그러나 그녀는 누군가와 대화를 할 때도, 뭔가 중요한 일을 결정할 때도, 감정의 흐름과 속도가 한결같이 완만하고 신중했다. P씨가 의식하든 안 하든, 그건 그녀가 자신만의 일정한 리듬 속에서 살아가고 있다는 증거이기도 하다. 누군가의 게으름이나 나태함은, 그만의 리듬이라는 전체적인 균형 속에서 이해되어야 한다. 단순히 의지의 문제만은 아니다. 특정한 시간과 사건만 가지고 판단하는 것으로는 그를 제대로 이해할 수 없다.

나는 P씨를 보면서 새삼 '토끼와 거북이' 우화를 떠올렸다. 그녀는 토끼들에게 뒤처지지 않기 위해 기를 쓰는 거북이를 닮았다. 그러나 '노력하면 거북이가 토끼를 이기는 것마저도 가능하다.'는 오래된 교훈에 나는 도무지 수긍할 수가 없다.

바다에서 유유히 헤엄쳐야 할 거북이가 왜 군이 육지에서 토끼랑 경쟁해야 할까? 이는 수영선수에게 육상선수들과 함께 100미터 달리기 경주에 나가라고 하는 것과 다를 바 없다. 경기 자체가 성립될 수 없는 상황이다. 그러나 우화 속의 거북이는 이런 말도 안 되는 경주를 받아들였고, 그러다 토끼가 방심한 틈을 타서 우연히 이겼다. 이야기는 여기서 끝나버린다.

그러나 만약 현실 속에서 이런 경기가 계속됐다면 아마도 비극적인 결말을 맞이했을 것이다. 경기에서 딱 한 번 이겨본 거북이는 '무엇이든 노력하면 된다.'는 경험을 가지고 줄기차게 도전했을 것이고, 한 번 져본 토끼는 다시는 방심하지 않을 것이다. 거북이가 매번 도전할 때마다 토끼의 승리는 계속되고, 거북이는 아마 몸이나 마음 둘 중 하나가 망가졌을 것이다. 토끼처럼 빨리 달리지 못했다는 좌절감과 그래도 노력하면 될 것이라는 부질없는 희망 사이에서 갈등하며 불면의 밤을 보냈을지도 모를 일이다.

이런 상황에서 거북이가 할 수 있는 최선은 자신이 거북이임을 빨리 알아보는 것이다. 그래서 말도 안 되는 육지의 레이스를 끝내고 본래 자신이 있어야 할 바다로 가는 것이다.

'노력'이라는 말은 숭고하고 '열정'이라는 말은 찬란하다. 노력과 열정이 있기에 우리는 앞으로 전진하고 꾸준히 성장할 수 있다. 그러나 한 가지 잊지 말아야 할 것이 있다. 노력은 사람마다 그 모습과 속도가 완전히 다르다는 것이다. 토끼의 노력과 거북이의 노력은 다르다. 각자의 몸이 다르기 때문에 저마다의 호흡과 리듬도 당연히 다르다. 똑같을 수가 없다.

거북이는 느리지만 꾸준하고, 육지와 바다를 오가는 유연성과 적응력이 강점이다. 반면 토끼는 호흡이 빠르고 순발력이 있는 대신 가던 길로만 다니는 습성이 있다. 동물들은 그런 각자의 특성에 맞춰 나름대로 최선을 다해 살아간다. 거북이의 속도가 토끼에 비해 느리다고, 그렇다고 해서 '너는 열정이 없다.'고 '노력하지 않는다.'고 함부로 말할 수 없는 것처럼.

그런데 노력이라는 말 속에는 '우리는 모두 같다.'라는 묘한 전제가 숨어 있다. '노력하면 누구나 할 수 있다.'는 말은, 모든 인간들은 노력하면 어느 정도 비슷한 성과를 낼 수 있다는 말이 된다. 그래서 거북이 같은 몸을 가진 사람도 노력만 하면 토끼처럼 잘 뛸 수 있다고 믿게 만든다.

그러나 인간은 겉으로는 비슷해 보이지만 각자의 내면과 몸은 너무 다르다. 수많은 은하계에 똑같이 생긴 별이 없듯, 지천으로 굴러다니는 돌멩이도 어느 것 하나 똑같지 않다. 한배에서 난 자식들이 다 다르고, 심지어 쌍둥이라 할지라도 서로 다른 삶을 살아간다. 그런데 노력이라는 말은 그런 자연스런 다름을 때때로 망각하게 만든다. 토끼처럼 노력하면 거북이도 토끼가 될 수 있다는 대책 없는 희망을 준다. 이런 노력 지상주의의 가장 큰 폐해는 자신과의 소통을 막아버린다는 것이다.

어릴 때부터 '노력하면 된다.'고 교육받은 아이들은 스스로에게 묻지 않는다. 내가 토끼인지 거북이인지, 사자인지 사슴인지, 알려고 하지 않는다. 내가 왜 아침에 일찍 일어나기 싫은지, 공부하려고 책을 펼때마다 왜 자꾸 졸음이 쏟아지는지 자신에게 물어봐주지 않는다. 내 체질이나 몸이 마음을 대변해주는 것일 수도 있다는 생각은 한 번도 하지 않는다. 자신과의 속 깊은 대화 없이 남의 목표, 남의 꿈을 가져와 끊임없이 명령하고, 뜻대로 안 됐을 때는 게으르고 멍청하다고 스스로를 비하한다.

순발력 있고 빠르게 성과를 내는 것이 노력의 기준이 돼버린 '토끼의 시대'에서 그렇지 못한 거북이들은 자기비하와 중노동의 이중고를 겪고 있다. 과거에는 신비한 영물로 추앙받던 장수의 상징이 지금은 재빠른 토끼가 되기 위해 헐레벌떡 뛰어다니는 형국이다.

물론, 혼신의 힘을 다해 노동하다 보면 토끼와 어깨를 나란히 하는 거북이들도 나오기 마련이다. 토끼처럼 아침마다 눈을 번쩍 뜨고, 외부의 자극에 빠르게 반응하고, 동시에 여러 가지를 해낸다. 매일 지쳐 쓰러질 때까지 일하는 일종의 '노력중독' 상태다. 그리고 이런 노력중독은 다른 중독과 마찬가지로 시야를 좁게 하고 이기적인 사람으로 만들며, 시간이 갈수록 더 강한 중독을 필요로 하게 된다. 사회적으로 성공했다는 사람들의 상당수가 이런 상태다. 겉으로는 화려해 보이지만 속으로는 몸도 마음도 병들어가고 있는 것이다.

인공의 에너지를 만들어내는 발전소들이 엄청난 양의 폐기물을 남기듯, 인공으로 만들어내는 열정 역시 독한 찌꺼기를 남긴다. 때문에 노력이라 착각하는 '서글픈 노동'은 반드시 보상이 필요하다. 토끼는 땅에서 신나게 달리는 것 자체가 즐거울 수 있지만, 억지로 달려야 하는 거북이는 강력한 뭔가가 없으면 버틸 수가 없다. 결국 힘들게 번 돈으로 소유하는 즐거움, 으스대는 즐거움, 말초적인 즐거움에 빠져들기 쉽다. 노력중독과 소비중독의 지긋지긋한 쳇바퀴 속에서 살아가는 셈이다.

때문에 우리는 이 서글픈 노동을 단 한 번이라도 멈출 필요가 있다. 그리고 마음속의 거울로 스스로를 비춰봐야 한다. 귀를 기울여 내 몸이 내는 소리를 한 번이라도 들어봐야 한다. 그러려면 자신을 옥죄어왔던 편견과 자기비하부터 내려놓아야 한다. 그래야 내가 가지고 태어난 온전함을 알 수 있다.

P씨는 요즘도 토끼들의 세상 속에서 바쁘게 살고 있다. 여전히 일은 많고, 아침에는 잘 못 일어난다. 그러나 한 가지 바뀐 게 있다. 나무늘보라는 별명처럼 자기가 본래 느린 사람이라는 것을 알게 된 것이다. 적어

도 토끼들을 부러워하거나 자신을 게으르다고 자책하지 않게 됐다. 그리고 자신과의 대화는 나 혼자 중얼거리며 말하는 것이 아니라, 내 몸이 들려주는 소리를 들어주는 것이라는 것도 알게 됐다. 그렇게 P씨는 자신의 세상을 향해 새로운 길을 내기 시작했다. 그녀의 리듬대로 천천히 여유롭게.

182

이런 상황에서 거북이가 할 수 있는 최선은
자신이 거북이임을 빨리 알아보는 것이다.
그래서 말도 안 되는 육지의 레이스를 끝내고
본래 자신이 있어야 할 바다로 가는 것이다.
어릴 때부터 '노력하면 된다.'고 교육받은 아이들은
스스로에게 묻지 않는다.
내가 토끼인지 거북이인지, 사자인지 사슴인지,
알려고 하지 않는다.

저 별에서 보면 우리도 별이다

누군가 다른 별에서 우리를 본다면
우주의 깊은 그늘에서 반짝이는
작은 별을 보게 될 것이다.
어둠 속에 있을 그 누군가에게
우리도 꿈처럼 반짝이는 별이 될 수 있다.

어렸을 때 나는 별을 보는 것을 좋아했다. 닿을 수는 없지만 알 수 없는 미지의 세계가 머리 위에 펼쳐져 있다는 것은 근사한 일이었다. 별들은 언제나 반짝였고 쓸쓸할 때마다 나를 위로해주곤 했다. 그 빛이 아름다워 나도 모르게 소원을 빌기도 했던 것 같다. 내 아이도 어린 시절의 나처럼 별을 좋아한다. 밤이 되면 가끔씩 별을 보러 가자며 내 손을 잡아끌곤 한다. 그날도 아이는 별을 물끄러미 보더니 내게 물었다.

"아빠, 저 별에서 보면 우리도 별이야?"

"맞아. 우리도 하늘에 떠 있는 별이지."

"그럼, 우리가 하늘나라 사람이야?"

천진한 아이의 얼굴을 보면서 나는 웃었다. 듣고 보니 그러네. 저 별에서 보면 우리는 '천상의 인간'일 수도 있구나. 그렇다면 저 별 어딘가에서 우리에게 소원을 빌고 기도하는 존재가 있을지도 모른다. 내가 그런 하늘나라 사람이라고 생각하니 머쓱하지만, 뭔가 심오한 느낌이 들기도 했다. 그래, 어쩌면 우리는 생각보다 훨씬 대단한 존재일지도 몰라.

그러나 정작 빛나는 우리들은 스스로를 별이라고 믿지 않는다. 심지어 자신을 보잘것없다고 여기며 함부로 대하기도 한다. 그러면서 또 다른 천상의 존재인 신에게 문제를 해결할 지혜와 힘을 달라고 기도한다. 그리고 그렇게 믿고 의지할 존재가 있다는 것만으로 큰 위로와 힘을 얻는다. 그런데 만약 우리의 기도를 받는 누군가의 입장에서 생각해보면 어떨까? 그 수많은 인간이 자신 하나만 바라보고 있다면?

인간세상의 '기도 시스템'은 지극히 중앙집권적이다. 모든 염원과 기도는 우주 어딘가에 있을 유일신 혹은 소수의 신들에게 모아진다. 그러면 '민원'을 접수한 그들이 나서서 일일이 응답해줘야 한다. 한마디로 엄청나게 비효율적인 시스템이다. 우주는 왜 그렇게 복잡하게 설계

돼 있는 걸까? 이런 비효율성을 극복하기 위해 천상의 신은 우리에게 자신의 힘을 조금씩 나누어주었을지도 모른다. 그래서 우리의 모습을 자신과 닮게 하고, 그 안에 작은 우주를 만든 것일 수도 있다. 그리고 그 우주를 움직일 수 있는 힘까지도.

그날 저녁 지인과 차를 나누는 자리에서 나는 별에 대해 말해주었다. 우리 역시 천상의 존재일 수 있고, 누군가에게는 반짝이는 별일 수도 있다고. 그리고 내 안의 작은 우주에서만큼은 나도 내 안의 신이 될 수 있지 않겠냐고. 독감에 걸려 몸살을 앓고 있던 지인은 내 말을 듣고 퀭한 눈빛으로 말했다.

"그래요, 내가 그렇게 대단한 존재란 말이죠. 근데 왜 나는 이런 흔한 감기에도 며칠씩 괴로워해야 하는 걸까요? 왜 내 아내는 자기 몸에 붙은 살 하나를 빼지 못해 날마다 투덜거려야 하고요? 자식이라고 하나 있는 녀석은 '천상의 존재'라는 놈이 도대체 왜 제대로 하는 게 없나요…?"

감기 때문에 신경이 날카로워져 있던 지인은 한참 동안 봇물 터지듯 불만을 터뜨린 후에야 개운한 표정으로 자리에서 일어났다.

생각해보면 그의 얘기도 틀린 말은 아니었다. 내 안의 신은 너무도 조용해서 뭘 하고 있는지, 어디에 있는지, 도대체 알 수가 없다. 그러고 보면 신화 속의 신들 역시 사정이 나아 보이지는 않는다. 책 속의 그들은 인간의 간절한 소원을 들어주기보다는 모질게 몰아세우고 벌을 주고 힘들게 끌고 다니는 일이 다반사였다.

그렇게 안팎의 신들이 우리를 잘 돌봐주지 않음에도, 우리는 중요한 시험이나 선택을 앞두고 늘 간절한 기도를 올린다. 특히 매해 치러지는 수능 같은 큰 시험 전날은 수십만 명의 수험생들과 가족들이 동시에 기도를 올리지 않는가? 아마 하늘에서는 기도체증이 일어나고 있을 것이다. 하지만 각자가 절실함을 가지고 아무리 최선을 다할지라도 결국 목적을 이룰 수 있는 사람은 한정될 수밖에 없다. 그래서 시험이 끝나면 수많은 학생들이 성적을 비관해 일탈하거나 극단적인 선택을 하는 것이 불편한 일상이 돼버렸다.

간절한 바람을 이루지 못했을 때 그 간절함은 오히려 나를 해치는 독이 된다. 이럴 때 우리는 배신감과 실망감에 빠져 신을 탓하거나 외면한다. 하지만 우리에게는 영원과도 같은 그 초조한 시간이, 신들에게는 찰나와도 같은 짧은 순간일 수 있다. 간절하고 애타는 마음이 흔들리는 촛불처럼 사소하게 여겨질 수도 있는 것이다. 그들은 언제나 우리보다 더 크고 더 넓은 세상 속에서 우리와는 다른 시간을 살고 있기 때문이다.

우리는 시간이 강물처럼 흘러가는 것이라고 생각한다. 그렇게 흘러가는 시간 속에서 몸은 점점 늙고 시들어간다. 지나간 것들을 잡지 못해 괴로워하기도 하고, 가고 싶은 그때로 다시 돌아가지 못해 아쉬워하기도 한다. 하지만 신들의 시간은 그렇지 않다. 죽지도 않고 나이를 먹어도 늙지 않는 그들의 시간은, 흐르지 않고 지나쳐가지도 않는다. 바닥이 보이지 않는 웅덩이에 물이 고여가듯 끝없이 쌓이며 깊어질 뿐이다. 그렇게 쌓여가는 신들의 시간은 그들을 더욱 거대하고 위대하게 만들어간다. 그 시간 속에는 생명의 역사가 담겨져 있고 자연의 지혜가 담겨 있다. 그래서 신들의 시간은 그것 자체로 신성神聖의 영역이 된다. 함부로 할 수 없는 고결하고 성스러운 영역 말이다.

그런데 찾아보면 우리에게도 신들의 시간처럼 흐르지 않고 쌓여가는 시간이 있다. 모든 생명의 역사를 담을 만큼 광대하지는 않아도, 그곳 역시 나이를 먹지도, 사라지지도 않는다. 남들이 함부로 들어오거나 손댈 수 없는 곳이며 각자가 살아온 삶의 자취가 담겨 있는 곳이기도 하다. 그래서 또 다른 신성의 공간이라 부를 수 있는, 그곳은 바로 지워지지 않는 몸의 기억들이다.

언제나 펜으로만 글을 쓰는 어떤 작가는, 문장 하나를 제대로 써내기 위해 수십 장의 파지를 만들며 연습을 반복한다. 그러는 사이에 펜을 쥐었던 손가락이 휘어지고 눈도 노화되어 젊은 나이임에도 돋보기를 끼는 신세가 되었다. 어떤 거문고 연주자는 몸을 비튼 자세로 너무 오래 연습해 만성 척추질환을 갖게 됐다. 허리가 비틀어진 만큼 한쪽

다리가 짧아져 오래 걸을 수도 없고 오래 서 있기도 힘들다. 발톱이 빠지도록 힘들여 내딛는 운동선수들의 발자국이나 책의 페이지 수만 말해도 어떤 내용이 있는지를 외우고 있는 수험생들의 닳고 닳은 책들은 어떤가. 힘들게 쌓아왔지만 아무도 알아주지 않는 이런 흔적들이 바로 몸의 기억들이다. 그리고 간절히 바랐던 매 순간의 시간들이 모여 있는 신성의 공간이기도 하다. 우리가 진정 간절히 기도해야 할 곳은 바로 이곳이다.

마지막 문장을 완성하지 못한 작가의 기도는 그 간절한 바람으로 자신의 오래된 기억 속에서 새로운 영감을 떠오르게 하고, 연주를 잘할 수 있게 해달라는 거문고 연주자의 기도는 그녀의 몸을 울리며 두려움과 긴장에 묻혀 있던 음악적 감성을 온몸에 퍼지게 만든다. 이럴 때 그 결과는 중요하지 않다. 비록 그의 문장이 사람들로부터 인정받지 못하고, 그녀의 연주가 입상하지 못했더라도 그들은 자신이 만들어내고 느낀 그 영감과 울림 속에서 충만하게 채워지며 성장해갈 수 있기 때문이다.

그렇게 내 몸의 기억들과 그곳의 신성은, 결과만을 따지는 통념과 가치 속에서 우리의 숨통을 트이게 해준다. 내가 밟아온 삶의 과정들이 소중해질 때 결과 역시 그 자체로 숭고해질 수 있기 때문이다. 그리고 내가 이기고 싶었던 누군가 역시 나와 같은 신성의 영역을 키워온 소중한 사람임을 알게 된다. 그러니 1등을 하지 못했다고, 경쟁자를 이기지 못했다고 더 이상 다른 누군가를 탓하거나 스스로 실망하고 좌절하지 않아도 된다. 그 과정만으로도 우리는 모두 충분히 훌륭한 역할을 한 것이다. 이럴 때 신은 더 이상 나에게 무관심하거나 나를 시험하는 존재가 아니다. 오히려 나와 함께하며 나를 위해 울어주는 깊은 공감의 현신現神이 된다. 그 공감의 울림이 바로 우리가 해야 할 기도의 의미이고 신이 들어줄 수 있는 나의 기도이다.

때로는 내 안을 울리는 간절한 기도가 그동안 놓치고 있었던 내 안의 많은 것들을 보여주기도 한다. 숨어 있던 이기심, 고쳐야 될 습관, 뜻밖의 재능 그리고 잊었던 과거의 기억들까지. 어느 날 나는 아이에게 책을 읽어주고 잠든 그의 머리를 쓰다듬으며 나직하게 속삭였다. 아이가 건강하게 자랄 수 있도록 도와달라고. 그렇게 아이의 뺨을 어루만지고 얼굴을 살피면 가끔 내 어린 시절이 떠오를 때가 있다.

내가 지금의 내 아이만 했을 때, 나는 할머니 손에서 자랐다. 부모님은 맞벌이를 하느라 밤늦게 돌아왔고, 나는 엄마가 보고 싶어서 울며 몸부림치다 자주 어깨를 다쳤다. 엄마는 내가 잠들 때까지 오지 않았다. 내가 기억할 수 있는 유년시절은 언제나 거기까지였다. 울다 지쳐 잠든 거기까지.

하지만 아이를 위한 기도 속에서 나는 내가 기억해내지 못했던 그다음의 이야기를 느낄 수 있었다. 늦은 밤, 잠든 아들의 얼굴을 지켜보았을 어머니의 고된 숨소리와, 울음자국으로 얼룩진 아들의 얼굴을 쓰다듬었을 마른 손길, 이른 새벽 아직 잠든 나를 남겨둔 채 집을 나섰을 그 서늘한 새벽공기까지. 내 기억의 저편에 있던 어머니의 슬픔과 애틋함이 쏟아지는 물처럼 나를 적셨다. 비로소 잊고 있던 어린 시절 내 부모의 마음에 공감할 수 있게 된 것이다. 아이를 위한 기도가 나와 내 어머니를 위한 기도가 된 것이다.

시대를 앞서간 스승들은 하나같이 이렇게 말했다. '네 안에 부처가 있고, 네 안에 신성이 있다.' 책 속의 그 말이 이제는 뻔하거나 관념적으로 들리지 않는다. 매일의 일상에서 경험할 수 있는 현실이 되었다. 물론 나는 여전히 미약한 인간일 뿐이지만, 내 안의 우주에도 저 아름다운 은하수가 흐르고 있음을 잊지 않으려 한다. 어둠 속에서 아픈 가슴을 달래며 우두커니 앉아 있을 누군가에게 우리도 꿈처럼 반짝이는 별이 될 수 있는 것이다.

마음을 치유하는 힘, 우울

가슴 한편에
조용히 자리 잡은 우울은
아픈 마음을 치유하는
고마운 미생물이다.

요즘 세상은 그 어느 때보다 다채로운 즐거움으로 가득하다. TV를 켜면 예능 프로그램이 쉴 새 없이 사람을 웃기고, 휴대폰을 열면 세상의 모든 것을 쇼핑할 수 있다. 동네마다 뛰어놀 수 있는 스포츠 시설이 가득하고, 주말마다 놀러 가는 차들로 고속도로는 북새통을 이룬다. 이렇게 즐길 거리가 넘쳐나는 시대에, 누구나 행복과 휴식의 가치를 말하는 21세기에, 아이러니하게도 우리는 그 어느 때보다 광범위하고 농도 짙은 우울을 경험하고 있다.

이는 단지 불행한 사건을 겪은 사람들만의 문제가 아니다. 일터에서나 집에서 일상적인 우울감을 호소하는 이들이 적지 않다. 공부가 힘든 아이들부터 상사의 압박에 시달리는 회사원, 막 아이를 낳은 젊은 엄마들까지 예외가 없는 것 같다. 특히나 산후 우울증은 85%에 달하는 산모들이 겪는다는 통계가 나올 정도다.

아내도 아이를 낳고 가벼운 우울감을 느낀 적이 있다. 출산으로 몸이 힘든데 밤새 울어대는 아이에게 잠도 못 자고 모유를 먹인다는 것은 보통 일이 아니었다. 바깥출입도 못하고 집 안에 갇혀서 끼니마다 미역국만 먹어야 하는 상황은 우울을 느끼기에 '최적'의 환경이다. 아무리 눈에 넣어도 안 아픈 자식이라지만 한숨이 저절로 나올 때가 많다. 다행히 아내는 이런 우울감 역시 출산이라는 긴 과정의 일부라는 것을 잘 알고 있었다.

동양의학에서 우울한 감정을 주관하는 장기는 폐다. 그런데 가슴에 모유가 맺히고 아이가 젖을 빨면 폐에 압박이 가해지기 때문에 저절로 우울한 감정이 생긴다. 이 역시 폐가 내는 자연스러운 소리인 셈이다. 그런데 많은 엄마들이 이 지점에서 힘겨워한다. 아이의 탄생이라는 축복 앞에서 우울해하는 자신의 모습에 당황스러움을 넘어 죄책감을 느끼기도 한다. 그러나 이는 아이에게 미안할 일도, 스스로 자책할 일도 아니다. 몸의 변화가 만들어내는 지극히 자연스러운 현상일 뿐이다.

'폐肺'라는 한자에는 시장 시市라는 글자가 담겨 있다. 실제로 폐는 몸속에서 왁자지껄한 시장 역할을 한다. 몸속을 순환하는 수많은 기운들이 폐에 모여 섞이고, 서로의 에너지를 주고받는다. 각자의 장기들을 소통할 수 있게 하는 가장 중요한 힘이 호흡이다. 호흡의 길을 따라 각각의 장기가 만들어내는 감정도 같이 흐른다.

그런 폐가 힘들어진다는 것은 몸속의 시장에 문제가 생긴다는 것을 의미한다. 여러 감정이 섞여 그 가치를 인정받고 소통해야 할 마음의 시장에서 그 유통의 흐름이 막힌다는 것은 현실에서 회사가 부도를 선언하는 것과 같다. 모든 감정의 활동이 일시에 멈추게 되는 일이기 때문이다. 이렇게 감정의 가치가 혼돈에 빠질 때 우울증은 시작된다.

대가족 속에서 함께 아이를 키우던 예전과 달리, 요즘 산모들은 가족들과 격리돼 아이와 단둘이 남겨진다. 남편이 올 때까지 답답한 집에서 아이와 우두커니 앉아 있는 모습은 그 자체로 우울한 풍경이다. 갇혀진 몸과 마음은 저절로 울결되고, 시간이 지날수록 우울함의 강도도 높아진다. '울결'이란 기혈이 한곳에 몰려 답답하게 막힌다는 뜻이다. 좋은 것과 싫은 것 모두가 의미 없어지고 그저 답답할 뿐이다. 산후 우울증이 아닌 일반적인 우울증도 이와 비슷한 증상을 겪는다.

많은 사람들은 이런 증상이 나타날 때 병원을 찾아 심리치료를 받거나 약물을 복용하기 시작한다. 혹은 기운을 북돋아주는 음식을 먹거나 좋은 풍경을 찾아 산천을 유랑한다. 아니면, 시름을 잊고 즐길 수 있는 새로운 취미활동을 시작하기도 한다. 그러나 쉽게 놓칠 수 있는 가장 중요한 것은 '우울'을 바라보는 시선 자체를 바꿔야 한다는 점이다.

우울은 결코 병이 아니다. 그것은 기쁨과 슬픔, 분노, 사랑 같은 인간의 자연스러운 감정 중 일부다. 기쁨이나 사랑을 '질병'으로 여기지 않듯, 우울도 우리가 살아 있기에 느끼는 감정이고 몸이 일으키는 변화에 대한 반응일 뿐이다. 우리를 아프고 힘들게 하는 것은 몸이나 마음이 받은 상처이지 우울이 아니다. 우울은 오히려 그 아픈 마음을 치유할 수 있는 강력한 '자정작용'을 가지고 있다.

바닷물이 빠질 때마다 드러나는 질퍽한 갯벌에는 수많은 미생물이 산다. 그중에는 유조선 좌초 같은 해양사고로 인해 석유범벅이 된 해안을 되살려내는 놀라운 존재들도 있다. '호기성 아키아'라고 불리는 미생물은 석유화학 계통의 오염물질을 집중적으로 먹어치워 오염된 땅과 바다를 정화시킨다. 이런 미생물들이 있기에 생태계는 놀라운 자정능력을 가지고 다시금 순환할 수 있게 된다. 갯벌뿐만 아니라 인간의 몸속에도 갯벌을 정화하던 바로 그 미생물들이 살고 있다. 이 호기성 아키아들은 장 속에서 살면서 내부로 들어오는 독성물질을 해독하는 일을 도맡아 하고 있다. 그 미생물들이 우리의 몸을 유해물질로부터 보호해주는 것이다.

그렇다면 마음은 어떨까? 마음에도 켜켜이 쌓인 찌꺼기들을 분해하고 해독시켜주는 무엇인가가 있지 않을까? 나는 그것이 우울이라고 생각한다. 가슴속 한편에 자리 잡은 우울의 세포들은 갯벌 속 미생물들과 닮아 있다. 눈에 띄지 않는 곳에 자리를 잡고, 마음을 오염시키는 감정들과 바닥에 무겁게 가라앉은 감정의 찌꺼기들을 천천히 분해해나간다. 아키아들이 갯벌을 정화시키듯 우울의 세포들이 내 마음을 정화시키고 있는 것이다. 질퍽하고 미동도 없어 보이는 갯벌이 바다를 청소하듯, 정체되고 쓸모없어 보이는 마음의 우울이야말로 힘든 마음의 상처를 치유하는 힘을 가지고 있다.

치유의 과정에는 시간이 필요하다. 바쁘게 뛰던 사람도 멈추고 아픈 곳을 살펴야 한다. 내가 그동안 얼마나 힘겨웠는지, 지금까지 무엇이 잘못됐던 것인지, 이대로 괜찮은지 돌아봐야 한다. 상처와 고통의 주변에 멈춰 서서 한동안 같은 곳을 맴돌아야 한다. 그 과정이 기쁘고 행복할 리 없다. 숨 막히는 통증과 슬픔, 앞이 꽉 막힌 듯한 답답함과 불안을 느끼는 것이 당연하다. 혼자 있고 싶어지고 조용히 내면으로 파고드는 것 역시 자연스러운 모습이다. 때문에 우울하다는 것은 살아 있다는, 그리고 내 마음속에 치유의 힘이 있다는 증거이기도 하다.

맺힌 마음속에서 그 매듭을 풀어가는 우울의 적막한 시간이, 때로는 난관을 돌파하는 힘을 주기도 한다. 깊은 우울 속에서 오랫동안 자신과의 대화를 나눈 사람들은 인생의 해답을 찾고 진로를 바꾸기도 한다. 적성에 맞지 않는 일 때문에 우울해하던 사람은 그 상태에서 벗어나고자 더 열정적으로 자신의 꿈을 찾아나서는 경우도 있다. 내면의 우울과 오랜 시간 함께했던 이들은 기회를 만났을 때 댐이 물을 일시에 방류하듯 강력한 돌파력을 보여준다.

그 힘을 가장 잘 이용하는 사람들이 바로 수행자와 예술가들이다. 수행자들은 자신의 공부가 덜 됐다고 느낄 때 산 속에 들어가 스스로를 격리시킨다. 하루 종일 가부좌를 틀고 벽만 바라보면서 소통불가의 상황 속으로 자신을 밀어넣는다. 그럴 때 새로운 에너지가 응축되고, 다른 눈이 떠진다는 것을 알기 때문이다. 소설가 이외수 씨는 글을 쓸 때 교도소 철문을 방에 붙여놓고 스스로를 가둔 일화로 유명하다. 상상만 해도 우울하고 답답한 풍경이지만 그 우울한 고립무원의 상태가 작가적 영감을 날카롭게 벼려주었다. 우울이 새로운 창조를 가능케 하는 힘이 되었던 것이다.

그렇게 보면 소통이 언제나 진리이고 만병통치약이 아닐 수도 있다. 살다 보면 때로는 자신을 가두고, 마음이 맺히도록 놔두어야 할 순간들이 있다. 지인들과 신나게 수다를 떠는 일도 필요하지만, 때로는 혼자만의 시간 속에서 나를 들여다보는 연습도 필요하다. 분명한 것은 그런 우울이 나를 치료하고 성장시켜준다는 것이다.

동양학에서는 우울의 감정을 '금金'라는 자연의 속성에 비유한다.

금은 바위나 돌, 철과 같은 광물과 금속을 말한다. 그것들은 모두 강한 응집력으로 높은 밀도를 유지하고 있는 것들이다. 그 기운이 정체되고 울결되었다는 점에서 우울의 상태와 유사한 면이 있다. 이런 금에는 물水에 생명을 불어넣는 힘이 있다고 생각했다. 단단한 암반 속에서 맑은 지하수가 샘솟는 것을 생각하면 된다. 이를 어미와 자식 간의 관계에 비유해 금은 어미요 물은 자식이라고 말하기도 한다. 물은 '지혜'를 상징한다. 이는 곧 우울이 지혜를 낳는 어미가 된다는 말이 된다. 지혜라는 자식을 낳기 위해 겪어야 하는 산통이 바로 우울인 것이다. 때문에 나는 우울한 기분이 들면 늘 이렇게 생각한다.

'나는 지금 마음을 치유하는 중이구나. 풀어내지 못한 감정의 매듭과 상처를 마음의 미생물들이 열심히 풀고 있구나. 그렇게 나는 오늘도 조금씩 지혜로워지는 거겠지.'

우울을 마주하는 가장 현명한 방법은 우울을 피하거나 없애버려야 할 문제로 인식하지 않는 것이다. 우울은 상처가 아니라 상처에 내려앉은 딱지 같은 것이다. 그런데 우울을 병으로 인식하고 없애려는 것은, 딱지 자체가 보기 싫고 흉하다고 잡아떼거나 주사를 놓는 것과 같다. 딱지는 상처가 아물어 저절로 떨어질 때까지 가만히 놔두어야 한다. 그래야 그 안에서 새살이 돋을 수 있다.

때문에 나는 종종 우울할 때면 그것을 없애기 위해 특별한 무엇인가를 하지 않는다. 우울은 우울대로 그가 무엇을 치유하고 있는가를 지켜보며 평소와 다름없이 밥을 먹고, 일을 하고, 취미생활을 한다. 마음속 슬픔만으로도 이미 충분히 힘겨운데, 거기에 자책과 비하를 보탤이유가 없다. 그리고 우울 극복을 위한 새로운 시도 역시 또 다른 스트레스다. 그런 스트레스를 일부러 만들 필요가 있을까.

오히려 나는 나의 우울에 감사할 때가 많다. 모든 일이 항상 기쁘고만족스럽지 않아서 다행이다. 일이 잘 안 풀리고, 누군가와 비교당하고, 보이지 않는 미래 때문에 불안해하지 않았다면, 나는 정말 멈췄을것이다. 적당히 현실에 안주하며 허허실실 웃는 한량이 됐을지도 모른다. 그리고 부끄러운 내 모습을 돌아보지도 못했을 것이다.

저 드넓은 바다를 치유하기 시작하는 것이 가장 밑바닥에 있는 고요한 갯벌이듯, 우리의 마음을 치유하는 것도 모든 것이 멈춰 있는 듯한우울에서 시작된다. 우리가 잊지 말아야 할 것은 언제나 달은 떠오르고 밀물과 함께 파도치는 바다도 돌아올 것이라는 사실이다. 그때가되면 맑고 투명한 바닷물이 다시 내 안을 가득 채울 것이다.

나는 우울한 기분이 들면 늘 이렇게 생각한다.
'나는 지금 마음을 치유하는 중이구나.
풀어내지 못한 감정의 매듭과 상처를 마음의 미생물들이 열심히 풀고 있구나.
그렇게 나는 오늘도 조금씩 지혜로워지는 거겠지.'
우울은 상처가 아니라 상처에 내려앉은 딱지 같은 것이다.
딱지는 상처가 아물어 저절로 떨어질 때까지 가만히 놔두어야 한다.
그래야 그 안에서 새살이 돋을 수 있다.

경중과 강약이 사라진 삶

죽음과 쇼핑이 어울리고
기아와 외식이 함께하는
경중과 강약이 없는 차가운 공간을
우리의 마음이 닮아가고 있다.

컴퓨터에 앉자마자 포털사이트에 접속한다. 습관적으로 뉴스 페이지로 들어가면 언제나 최근에 있었던 세상의 무수한 사건사고들이 올라와 있다. 그중에는 바위처럼 무거운 소식도 있다. 비행기 추락사고로 수백 명의 희생자가 발생했다는, 생활고와 지병을 이기지 못해 자살을 선택했다는 이야기들이다.

그런데 그 슬픈 죽음 앞에서 잠시 숙연해질 찰나, 뭔가 눈길을 사로잡는다. 바로 옆에 있는 스포츠 뉴스 헤드라인이다. 미국 메이저리그

에서 활약하는 한국인 선수가 연승을 이어갔다는 소식이다. 망설임 없
이 그 뉴스를 클릭하고 자기도 모르게 환호성을 지른다. 기사를 다 읽
을 무렵, 이번엔 그 밑에 링크된 연예인 가십 기사가 눈에 들어온다.
'톱스타 P군, 열애설 부인'. 이번엔 또 누굴까. 호기심에 그냥 넘어갈
수 없다. 연예기사 옆에는 '전 품목 30% 할인'이라는 쇼핑몰 세일 광
고가 반짝거린다. 뭔가 득템(?)할 것이 없나 나도 모르게 손이 이끌려
간다.

비행기 사고 소식을 접한 지 10분 만에, 이웃의 안타까운 자살사건
을 목격한 지 5분 만에 우리는 그렇게 스포츠, 연예, 쇼핑몰로 뿔뿔이
흩어져버린다. 포털사이트가 편집해놓은 그대로 우리의 감정도 흘러
간다. 포털사이트의 세계에서는 경중이 없다. 강약도 없다. 비행기 참
사와 야구선수의 승률이 병렬적으로 놓인다. 연예인 가십과 이웃의 자
살이 똑같이 취급받는다. 인간의 감정이나 존재의 무게와는 상관없이
자본의 논리에 따라 모든 것이 배치된다. 그리고 눈 깜빡할 사이에 다
음 페이지로 넘어가버린다.

문제는 우리의 마음도 포털사이트를 닮아간다는 것이다. 내 안에 어
떤 감정이 일어나면 오랜 시간 그 속에 홀로 머물며 슬플 때는 슬픔에
잠기고, 울고 싶을 때는 울면서 감정을 해소시키던 모습은 점점 사라
지고 있다. 포털사이트에 길들여진 지금, 사람들은 자신의 아픔과 슬

폼을 마주하는 대신 모니터와 스마트폰을 마주한다. 그리고 그곳에 머물며 망각의 시간을 보낸다. 불편한 감정이 올라오면 즉시 다른 무언가로 덮어버리고 멍한 얼굴로 정보의 바다를 헤매며, 혹은 게임을 하거나 미드를 보며 가슴속에 도는 불안을 외면한다. 자연스럽게 내 마음이 감정의 주변을 맴도는 것이 아니라, 가치 없는 정보를 마음속에 끝없이 병렬시킴으로써 감정의 에너지를 분산시킨다. 감각의 경중, 삶의 강약을 없애버리는 것이다.

우리는 이미 익숙해져버린 모습이지만, 사실 그것은 비참한 풍경이다. 마치 팔 한쪽이 다쳐서 살이 찢어지고 피가 나고 있는데, 연예인의 가십기사를 보면서 정신을 팔고 있는 것과도 같다. 당장 지혈을 하고 약을 발라야 하는데 자신의 상처조차 보이지 않는다. 자극적인 다른 것을 보면 팔의 아픔이 금방 없어질 거라고, 잊혀질 것이라고 믿는다. 그러나 결국 너무 많은 피를 흘리면 목숨이 위태로워지듯, 풀리지 않는 마음의 상처들이 쌓이면 언젠가는 곪아 터져버리게 된다.

이 시대는 힘든 일이 있거나 슬럼프에 빠지거나, 슬픔의 감정을 느낄 때 모두 '잊으라'고 말한다. 잠시 여행을 가든, 잠을 자든, 재미있는 영화를 보든 그냥 잊어버리라고 충고한다. 그러나 많은 정신적 스승들은 '찾으라'고 말한다. 나를 슬프게 하는 이 감정이 무엇인지, 나에게 이 고통이 왜 왔는지, 이 감정은 어디서 오는 것인지 찾으라고 한다.

망각은 임시방편일 뿐이니 나를 지치게 만드는 것 속으로 들어가라고 했다. 삶은 수없이 흔들리게 마련이고 그때마다 감정은 수면 위로 다시 떠오른다. 그 실체를 찾아내고 직시했을 때, 더 이상 그것에 끌려 다니지 않게 된다. 그리고 그때야 비로소 진정한 휴식을 만날 수 있게 된다.

동양의 선지식들은 그것을 찾는 과정이 구도이자 수행이라고 말해 왔다. 무겁게 느껴지는 수행이라는 말은 어쩌면 가볍게 떠나는 '여행' 같은 것일 수도 있다. 여행은 번거롭고 피곤한 과정 속에서 이루어지기 마련이지만, 그럼에도 쉬고 있다는 기분이 드는 독특한 일이기도 하다. 여행을 하며 넓어진 견문은 세상을 다른 눈으로 볼 수 있게 해주고, 내가 머물고 있던 그곳에 대한 감사함과 고마움을 느끼게 해준다.

그렇듯 나를 힘들게 하는 무언가를 찾는 과정도 휴식이 될 수 있다. 고통스럽고 귀찮고 힘들기만 한 무엇이 아니라 잠시 쉬어가면서 새로운 것을 찾아 떠나는 여행이 될 수 있는 것이다. 그리고 그런 여정을 통해 숨 막히는 도시, 가상의 세계를 닮아갔던 내 마음도 본래의 자연으로 되돌려놓을 수 있다.

인간이 만들어낸 포털사이트는 단순한 가상세계가 아니다. 땅을 밟고 있는 시간보다 그 안에서 살아가는 시간이 더 많은 현대인에게는 또 다른 현실이 되어가고 있다. 정보를 무의미하게 배치하는 기계처럼 우리의 마음 역시 빠르게 기계화되고 있다. 그것은 자연이 파괴되고 황폐화되는 것만큼이나 심각한 일이다. 그리고 한편으로는 인간과 자연이 더 빠른 속도로 단절되고 있음을 의미하기도 한다.

마음의 배치가 바뀌면 현실에서의 모습도 바뀌게 된다. 누군가의 아픔에 진심으로 같이 울어주는 것이 힘겨워진다. 내가 하는 말과 행동이 상대방에게 얼마나 상처를 줄지 신경 쓰지 않고 그때그때의 감정과 생각대로 설익은 말을 뱉어낸다.

이런 포털 시대의 단절 상태를 가장 적나라하게 보여주는 이들이 있다. 바로 '악플러'들이다. 이들의 공격대상은 무차별이다. 아무런 필터 없이 남녀노소를 가리지 않고 입에 담지 못할 욕을 퍼붓는다. 심지어 억울한 사고로 희생된 이들을 모욕하고, 악플 때문에 자살한 연예인에게 잘 죽었다고 조롱하는 이들도 있다.

읽는 사람의 마음까지 참담하게 만드는 극악한 저주. 과연 이 글 어디에 인간의 마음이 있는지 의심스러울 정도다. 이들이 만들어내는 악플이야말로 포털을 오염시키는 한편, 우리 사회를 점점 메마르고 황폐화시키는 숨은 뿌리다. 그러나 악플러들이 모르는 것이 있다. 가상세계 속에서 살아가는 이들 역시 현실에서는 자연의 법칙을 따를 수밖에 없다는 사실이다.

사람이 하는 말과 글은 반드시 그것을 말하고 쓴 사람에게 가장 먼저 들리고 읽히기 마련이다. 누군가를 사랑한다고 말할 때 그 사랑의 에너지는 내 마음과 머리와 몸을 통해 누군가에게 전달된다. 마찬가지로 누군가에게 너 따위는 살 가치가 없다고 죽으라고 저주하면, 그 저주의 에너지 역시 내 몸부터 울리기 시작한다. 이는 누군가에게 더러운 똥을 던지겠다고 내 손으로 똥을 뭉치는 것과도 같다. 알지 못할 뿐 어리석고도 무서운 자기학대와 다름이 없다.

특히나 글은 말보다 더 심각한 결과를 가져올 수 있다. 우리가 불교 경전이나 성경책을 신성하게 여기는 것은, 그 의미보다는 글 속에 선인들의 선량한 에너지가 담겨 있다고 믿기 때문이다. 수천 년이 지나도 그 힘은 여전히 활자에 새겨져 위력을 발휘하고 있다. 마찬가지로 내가 분노와 조롱과 살기를 담아 쓴 악플은 가상세계를 떠돌며 사라지지 않는다. 마치 내 DNA를 공유한 분신처럼 나의 고유한 파동이 고스란히 각인돼 있다.

그러다 누군가가 내 악플을 보고 부정적인 감정을 일으키면 그 글이 매개가 되어 나 역시 그가 느꼈을 부정의 감정에 공명하게 된다. 만약 100명이 내 악플을 봤다면 그 100명의 부정적인 에너지가 악플을 매개로 실시간으로 나에게 돌아오게 된다. 악담은 옆에 있는 사람만 들으면 끝이지만 악플은 얼마나 많은 사람이 보게 될지 알 수 없다. 그것은 내가 세상을 향해 저주를 퍼부을 수도 있지만 그 저주가 눈뭉치처럼 거대하게 커져서 다시 돌아올 수도 있다는 의미다.

무엇보다 가장 무서운 것은 그 악플이 '미래의 예언'이 될 수 있다는 점이다. 동양이나 서양의 오랜 운명학에서 빠지지 않는 것이 타로와 주역이다. 둘 다 선택이라는 과정을 거친다. 타로는 질문을 정한 뒤 78개의 카드에서 손이 가는 대로 몇 장의 카드를 뽑는다. 주역 역시 마음속으로 질문을 정하고 50개의 대나무 중 일부를 나누고 선택해 괘를 만든다. 그리고 카드와 괘의 내용을 종합해 의미를 해석한다.

많은 사람들이 카드와 괘 속에 미래를 예지하는 힘이 있다고 생각하지만 카드와 대나무 괘에 신령스러운 힘이 있어서 미래를 알 수 있는 것은 아니다. 그 힘은 바로 나의 손끝에 있다. 이는 꼭 주역의 괘가 아니더라도 내가 선택하는 그 어떤 것도 내 미래의 예언이 될 수 있다는 말이다. 미팅을 앞두고 입을 옷을 선택하는 것, 중요한 계약을 앞두고 유난히 자주 쓰게 되는 단어, 이상하게 자꾸만 눈길이 가는 사건과 뉴스 등은 미래가 나에게 보내는 신호일 수도 있다. 그 신호를 수신한 내 직관이 무의식적인 선택들의 지휘자가 되는 셈이다. 그러니 사소한 선택 하나도 무심히 넘길 일이 아니다. 그런데 내가 지금 이 순간 악플을 쓰고 있다는 것은, 스스로에게 저주의 파동을 일으키고 있다는 것은 어떤 의미일까?

그것은 내가 스스로 만들어가는 암울한 미래의 전조가 될 가능성이 높다. 혹은 미래를 암울하게 바꿔달라는 일종의 '자기암시' 같은 것일 수도 있다. 기도가 내 삶을 아름답게 바꿀 수 있듯, 내가 써내려가는 저주에 가까운 글들도 얼마든지 나 자신을 망가뜨릴 수 있다. 내 의지와 상관없이 다가오는 불행만으로도 감당하기 힘든 것이 인간의 삶인데, 그것도 모자라 스스로 불행의 씨앗을 심는 어리석은 일을 할 필요가 있을까.

포털사이트라는 가상의 세계는 전 세계를 잇는 소통의 네트워크가 되고 있다. 그러나 네트워크가 발달할수록, 인공의 세상이 점점 커져갈수록 우리는 자주 잊어버리고 있다. 우리가 서로 연결되어 있다는 것을. 얼굴도 모르는 누군가의 아픔이 내 마음을 함께 울리고 있다는 것을. 나의 작은 몸짓 하나에도 세상은 크게 출렁거린다는 것을.

사람이 하는 말과 글은 반드시 그것을 말하고 쓰는 사람에게.
가장 먼저 들리고 읽히기 마련이다.
누군가를 사랑한다고 말할 때 그 사랑의 에너지는
내 마음과 머리와 몸을 통해 누군가에게 전달된다.
마찬가지로 누군가에게 너 따위는 살 가치가 없다고 죽으라고 저주하면,
그 저주의 에너지 역시 내 몸부터 울리기 시작한다.

천라지망, 운명의 그물에 걸린 사람들

운명 속에
삶이 있는 것이 아니라
삶 속에
운명이 있는 것이다.

스무 살의 어린 나이에 결혼해 일찍 아이를 낳고 평생 일만 하며 살아온 분이 있었다. 그녀는 생활력 없는 남편 때문에 홀로 생계를 책임지면서도 불평하거나 체념하는 법이 없었다. 자식에게 조금이라도 좋은 교육을 시킬 수 있다면 야근도 마다하지 않았고, 무능한 남편이지만 그 존재만으로도 감사하며 살았다.

아이는 엄마의 바람대로 훌륭하게 성장해주었고 대학을 졸업하는 해에 중학교 선생님이 되었다. 아이가 공부를 마치고 결혼을 하고 안정된 인생을 찾아갈 무렵에, 그녀도 손주를 돌보고 여행도 다니는 여유로운 노년을 계획하고 있었다. 하지만 이제 살 만해졌다고, 이제 잘 살아야겠다고 생각할 무렵 불현듯 암이 찾아왔다. 폐암 말기였다. 슬픈 일이지만 요즘에는 이런 가슴 아픈 소식들이 여기저기서 많이 들려온다. 모든 걸 뒤로 미룬 채 열심히 일하는 사람이 많아진 만큼, 지금의 행복을 떠나 나중의 행복을 찾는 시간이 길어진 만큼, 삶은 점점 더 예측할 수 없는 모습으로 우리를 기다리고 있는 것이다.

그렇게 인생의 정점에서 혹은 드디어 여유가 생겼다고 느껴지기 시작했을 때 조용히 찾아오는 불행이 있다. 전혀 생각지도 못했던 이 불행 앞에서 우리는 할 말을 잃는다. 무엇 때문에 자신에게 이런 불행이 찾아온 것인지. 그저 열심히 살았을 뿐인 나에게 왜 이런 절망이 찾아와야 하는지 이유를 찾지만 아무도 대답해주는 사람은 없다.

이럴 때 사람들은 한번쯤 운명이라는 보이지 않는 힘에 대해 생각한다. 삶에 고난이 많았던 사람일수록 '운명의 힘'에 관심을 갖기 마련이다. 나 역시 그런 사람 중 한 명이었다. 최선을 다했지만 알 수 없는 힘에 붙잡힌 듯 더 이상 나가기 힘들었던 기억들이 나에게는 가득하다.

이런 삶을 이해하기 위해 운명에 대해 열심히 공부했던 적이 있었다. 관련 서적과 논문을 읽고, 운명을 볼 수 있다는 사람들을 찾아다니며 질문을 하고 답을 구했다. 하지만 늘 곁에 있는 것 같았던 운명은 보려고 하면 어딘가로 사라져버렸다. 열어도 열어도 계속 나오는 러시아 인형 '마트료시카'처럼 운명의 상자도 열면 열수록 또 열어야 할 것들이 계속 나왔다. 그리고 결국 무엇이 나의 운명인지 알 수 없게 만들었다.

오랜 시간 동안 이어진 공부 끝에, 결국 나는 그 상자를 더 이상 열어보지 않기로 마음먹었다. 운명을 알고자 하는 마음이 사라져버렸기 때문은 아니었다. 내가 하고 있는 일이 마치 TV 속의 화면이 신기해 TV를 분해하고 있는 것 같았기 때문이다. 무언가 방법을 바꿔야 했다. 그러다 점차 이런 생각이 들었다.

운명 속에 삶이 있는 것이 아니라 삶 속에 운명이 있는 것인지도 모른다는. 나의 운명이라는 것이 따로 있는 것이 아니라 나와 그물처럼 이어져 있는 모든 사람들의 삶 속에 '나의 운명'이 조각처럼 담겨져 있는 것이다. 내가 마주할 모든 것들 속에서, 내가 스쳐지나간 모든 곳에서, 나의 운명이 나를 채워가고 있다. 그러니 내가 알아야 할 것은 나의 운명이 아니라 모두의 운명이었다.

수많은 학파의 수많은 사람들이 주장한 운명론 중 특히 나의 관심을 끈 것은 명리학의 운명론이었다. 이곳에서는 몸을 다루는 의학과 하늘을 읽는 천문학, 땅을 이해하는 지리학의 이론들이 한 사람의 운명 속에 모두 함께 어우러져 들어갔다.

명리학에서는 뜻하지 않은 불행을 '신살神煞'이라는 개념을 통해 설명하곤 한다. '신살'은 인생에서 행운과 불행을 몰고 오는 일종의 사신

使臣 같은 존재다. 누구나 한번쯤 들어봤음직한 도화살, 역마살 같은 것들이 대표적인 신살이다. 아침과 저녁이 주기적으로 찾아오듯 신살은 정해진 시간이 되면 알람처럼 나에게 그 시간에 해당하는 행복이나 불행을 가지고 온다.

무섭고 엄중한 수많은 신살 중에 천라지망天羅地網이라는 살이 있다. 천라지망은 천라살天羅煞과 지망살地網煞을 함께 부르는 말이다. 해석하면 하늘의 그물과 땅의 그물이라는 뜻이다. 사람의 운명에 이 살이 들어 있으면 하늘과 땅 어디에 가도 그물에 걸린 것처럼 옴짝달싹 못할 일이 생기게 된다. 하던 일이 꼬이기 시작하고 시비가 붙어 사람과의 관계가 틀어진다. 건강에 이상이 생길 수도 있다. 새가 그물에 걸려 날지 못하듯 모든 일이 중단되는 것이다.

천라지망살이 나의 운명에 들어 있는지를 확인하는 방법은 의외로 간단하다. 내가 태어난 년, 월, 일, 시에 '진辰과 사巳'나 '술戌과 해亥'에 해당하는 시간이 함께 있는가를 살펴보면 된다. 진과 사가 있으면 지망살이 되고, 술과 해가 함께 있으면 천라살이 된다. 행여 내가 태어난 시간이 이 살을 비켜간다고 해도 동양의 순환하는 시간관 속에서 누구나 생에 몇 번쯤은 천라지망을 만나게 돼 있다. 내 계획대로가 아닌 자연이 세워둔 계획 속에서 멈춰야 할 때를 만나게 되는 것이다.

결국 우리는 누구도 이 천라지망의 마수에서 벗어날 수 없다. 하지만 우리를 괴롭히기 위해 존재하는 자연의 시간은 없다. 흉측해 보이는 천라지망살도 눈을 밝혀 천천히 들여다보면 나를 잡아주고 있는 거칠고 매서운 손일지도 모른다. 모든 현상은 어떤 안경을 쓰고 보느냐에 따라 다르게 보이기 마련이니까.

천라지망이 갖는 부정적인 의미는 각자의 시간이 갖는 의미와 관련이 있어 보인다. 진과 사는 날씨가 더워져 여름을 맞이하는 시기이고, 술과 해는 날씨가 추워져 한 해의 농사를 마무리하는 시기다. 그렇지만 본격적인 여름이라고 하기에도 애매하고 겨울이라고 하기에도 애매하다. 하루의 시간상으로도 그렇다. 한참 일에 몰입할 수 있는 낮도 아니고, 완전히 깊은 밤도 아닌 시간이 진사술해의 시간이다.

이 과도기의 시간 동안 자연은 봄을 여름이라는 뜨거운 기운으로 만들어내고 가을은 겨울이라는 차가운 기운으로 만들어낸다. 이런 변화는 우리 주위에서 일어나고 있는 익숙한 모습이기도 하다. 아이에서 성인이 되기 위해 거쳐야 하는 청소년의 시기, 출산을 위해 겪어야 하는 10개월 임부의 과정, 나비가 되기 위한 번데기의 모습, 혹은 한 분야의 전문가로 성장하기 위해 필요한 실패와 좌절의 시간은 변화를 도모하는 천라지망의 모습과 닮아 있다.

이처럼 예전의 상태가 끝나고 새로운 단계를 준비하는 시기를 통과의례라고 한다. 성장하는 모든 사람들이 겪는 이 과정은 꼭 필요하지만 그만큼 고통스러운 시간이기도 하다. 그 관문을 통과하는 동안 우리는 그물에 걸린 듯 여기가 아닌 다른 세계로 발을 들여놓지 못한다.

완성을 향해 가는 과정들은 불안하고 서투르기만 하다. 만약 한 사람의 생이 사는 동안 내내 이런 통과의례의 과정 속에 놓여야 한다면 그 사람은 사춘기의 청소년이나 임부의 상태로 평생을 사는 것과 같으니 얼마나 힘들고 지칠까.

하지만 통과의례의 시간은 그곳을 통과하는 순간 막을 내리게 되어 있다. 동양의 순환하는 시간관은, 누구도 피할 수 없는 천라지망을 우리에게 선물하기도 하지만 그 '끝' 역시 우리 모두에게 있음을 말해준다. 그때가 오면 또 다른 삶의 문을 열고 그곳에 나 있을 또 다른 길을 가면 되는 것이다.

혹독한 운명의 그물을 통과해 자신의 길을 간 사람이 있다. 국제사회복지사 김해영 씨다. 그녀는 유년기에 혹독한 불행의 계절을 맞았다. 태어난 지 3일 만에 술에 취한 아버지가 자신을 던지는 바람에 척추장애를 갖게 됐다. 결국 키는 134센티미터에서 멈춰버렸다. 설상가상으로 그녀를 낳은 어머니는 호된 시집살이에 머리까지 다쳐서 정신이 온전치 못했다. 불행했던 결혼생활의 원인을 장애인인 자신의 첫째 딸에게 돌리며 걸핏하면 때리고 욕했다.

열네 살이 되던 해, 어머니의 폭력을 못 이겨 가출한 그녀는 가사 도우미가 됐고 직업학교에 들어가 편물기술을 배웠다. 12시간 넘게 편물기계 앞에서 일을 했지만 아픈 몸 때문에 남들만큼 빨리 작업을 할 수 없었다. 결국 그녀는 자신만의 경쟁력을 갖기 위해 편물기술의 모든 공정을 마스터하는 길을 택했다. 덕분에 각종 기능경기대회에 출전해 상을 휩쓸었고 일본과 거래하는 무역회사에 취직해 높은 연봉과 전문가 대우를 받으며 안정된 생활을 꾸리게 됐다. 다시 집으로 돌아와 동생들을 공부시키고 그녀 자신도 검정고시로 고등학교 과정을 마쳤다. 공부를 할수록 대학생이 되고 싶다는 열망도 함께 커졌다. 꿈에도 그리던 대학생이 되면 비로소 진짜 성공을 이룰 수 있을 거라고, 세상 앞에 당당히 설 수 있을 거라 믿었다.

그러나 두 번의 입시에 실패하면서 그녀는 지쳐 쓰러져 버렸다. 자신의 몸을 휘감은 또 하나의 그물 속에서 그녀는 비로소 알게 되었다. '나는 성공이라는 허상에 취해 무기력하게 끌려가고 있었구나. 하나를 이루면 또 다음 성공에 목말라하면서 이 작고 아픈 몸으로 세상 사람들과 경쟁하다 결국 쓰러져 죽겠구나.'

운명의 그물에 걸린 사람들은 한동안 옴짝달싹할 수 없는 상황을 맞는다. 마치 덫에 걸린 것처럼 분노가 치밀고 슬픔이 밀려든다. 나를 제외한 모든 사람들은 다 자유롭고 행복해 보이기도 한다. 그러나 어쩔 수 없이 멈춰 섰을 때, 어떤 이들은 비로소 깨닫는다. 그물 밖 사람들은 더 큰 그물에 걸린 채 갇혀 산다는 것을. 끝도 없는 세상의 시스템에서 기계부품처럼 살아가고 있던 자신의 모습을. 내가 그물에 걸리는 시간은 세상의 그물에서 잠시 해방되는 시간일 수도 있다.

김해영 씨도 잠시 멈춰 쉬는 동안 성공이라는 끝없는 욕망 속에 갇힌 사람들을 보았다. 그리고 다른 길, 다른 해답을 찾기 시작했다. 김해영 씨가 찾은 답은 '아프리카 자원봉사'였다. 맨 몸으로 아프리카의 오지 마을로 갔다. 칼라하리 사막 한끝의 척박하고 가난한 동네였다. 그곳에서 그녀는 자신의 키보다 큰 아이들에게 편물을 가르쳤다.

아프리카 아이들은 처음으로 그녀를 장애인이 아닌 '여성'으로 봐주었다. 통증으로 걷기 힘들어하는 그녀를 위해 빨래를 대신 해주고, 때로는 업히라며 등을 내줬다. 다른 선생들이 시키면 귓등으로도 안 듣던 아이들이 그녀가 얘기하면 순순히 따라왔다. 그녀가 자신들을 '동정'하는 것이 아니라 이해하고 공감하고 있다는 것을 알았기 때문이다.

"절대적인 고독, 사막처럼 텅 빈 곳에서, 그리고 사무치는 외로움 속에서만 비로소 내 존재와 대면할 수 있습니다. 저 역시 그 사막 한가운데서 제가 누구인지 알았고, 살아 있음의 의미를 알게 됐지요. 그 순간, 저는 이미 자유를 얻었습니다. 여러분도 한 번쯤은 그런 사막 같은 시간을 꼭 한 번 만나보시기 바랍니다."

운명의 그물에 걸린 사람들은, 그 그물이 촘촘할수록 걸러낼 수 있는 것이 많다. 보통 사람들은 보지 못하는 타인의 작은 한숨과 눈물, 고통을 누구보다 섬세하게 느낀다. 그물에 걸렸을 때의 심정을 너무나 잘 알기 때문이다. 그러다 보면 김해영 씨처럼 자연스럽게 누군가를 돕는 길로 가는 경우가 많다.

명리학에서는 천라지망과 같은 살이 있으면 활인活人, 즉 사람을 살리는 일을 해야 한다고 조언한다. 그런데 꼭 누군가를 직접적으로 도와야만 활인은 아니다. 불우이웃 돕기 성금을 내고, 봉사활동을 하고, 의사나 간호사 같은 직업을 갖지 않아도 된다. 중요한 것은 사람을 위하는 마음으로 일하는 것이다. 만약 채소장사를 한다면 장삿속이 아니라 손님들을 위해 싱싱하고 건강한 채소를 팔고, 작가라면 돈 벌 궁리보다 내 글로 사람들의 삶이 좀 더 행복해지기를 염원하며 책을 쓰는 것이다. 정치인이라면 나에게 주어진 권력을 자신이 아닌 힘든 사람들을 보호하고 도와주는 곳에 써야 한다. 이런 노력은 아무도 알아주지 않는 힘들고 수고로운 일이기도 하다. 그러나 활인의 마음을 가지면 반드시 그 수고로움과 진가를 알아보는 사람들이 나타난다. 그렇게 만들어진 '좋은 인연'은 천라지망에서 나를 꺼내줄 구원의 손이 되기도 한다.

김해영 씨도 그런 귀인들을 무수히 만났다. 14년간의 아프리카 활동을 마무리 짓고 사회복지를 체계적으로 공부하기 위해 미국으로 떠났을 때, 그녀는 빈털터리였다. 처음부터 끝까지 무보수 자원봉사였기 때문이다. 그러나 14년간 그녀가 남긴 활인의 역사는 미국의 교포사회를 감동시켰다. 많은 사람들이 그녀가 콜롬비아 대학원을 마칠 때까지 십시일반, 물심양면으로 도왔다. 덕분에 그녀는 지금 국제사회복지사로 아프리카 대륙을 종횡무진 누비며 희망의 씨앗을 심고 있다.

그 후 그녀를 옭아매었던 장애와 가난이라는 그물은 힘을 잃었다. 동시에 평생 괴롭히던 허리통증도 기적적으로 사라졌다. 마치 신이 내준 숙제를 다 풀었으니 도로 가져간 것처럼. 과학적으로는 도저히 설명할 수 없는 일이 일어난 것이다. 김해영 씨는 태어나자마자 감옥 같은 삶의 그물에 갇혔다. 그도 모자라 무려 14년간이나 유배지나 다름없는 아프리카 오지에 스스로를 가두었다.

보이는 것이라곤 끝도 없이 펼쳐진 황량한 사막뿐인 곳에서, 그녀가 할 수 있는 일이라곤 별과 대화하는 것밖에 없었다. 그 절대고독 속에서 그녀는 자신의 존재와 대면했고 마침내 알게 됐다.

'저 별이 아무리 아름다워도 알아주는 내가 없으면 아무 소용없구나. 내가 살아 있기에, 존재하기에 저 별이 빛나고 달을 보고 바람을 느낄 수 있다. 내 존재란 이토록 무거웠구나. 나는 다만 살아 있는 것만으로도 충분히 가치 있는 인간이다.'

그녀는 사막에서 얻은 이런 보석 같은 깨달음을 통해 자신의 마음을 키웠다. 그렇게 134센티미터의 불행했던 아이는 30년 후 '작은 거인'이 되어 길고 지난했던 통과의례를 마쳤다. 지금의 그녀는 오히려 자신의 운명에 감사한다고 말한다.

사춘기와 사추기

씨알이 움트는 앓음과
한아름 가득한 아름은
모두 '아름답다'는 말이다.
아름다움은
앓음의 봄과 아름의 가을 속에서
함께 울리고 있다.

봄은 그늘에 남겨진 차가운 땅과 때늦은 북풍의 서늘함 속에서 찾아온
다. 4월이 되어도 가끔씩 눈이 내리고 동면을 끝낸 개구리나 뱀들은
날씨에 적응하지 못해 굶어 죽거나 동사하기도 한다. 그럼에도 메마른
가지는 움트기 시작하고, 어김없이 꽃들은 들판을 뒤덮는다. 그 광경
을 보고 있으면 봄이 선사하는 생명의 꿋꿋함과 아름다움에 절로 감탄
하게 된다.

　이런 봄을 겪을 때면 자주 드는 생각이 있다. 만약 누군가 봄이 내는

소리를 들을 수 있다면 어떨까라는. 어디선가 들어본 것 같은 잔잔한 봄의 왈츠가 흘러나올까, 아니면 오페라 '투란도트'처럼 시련을 이겨 낸 승리의 아리아가 울려 퍼질까? 하지만 내가 저 새싹처럼 어둠을 뚫고 나와야 했던 순간들은 그렇게 평화롭고 희망적이지만은 않았었다.

내 안의 봄과 새싹들은 늘 절규에 가까운 비명과 함께 찾아왔다. 언제나 지쳐 포기하기 직전에야 밝은 빛이 보이는 출구를 찾을 수 있었다. 봄도 그런 비명 속에 계절을 맞이하고 있을지 모른다. 과연 저 밖에 무엇이 있는지도 모르고 제대로 가고 있는지 아닌지도 모르는 채로, 그 두렵고 힘든 첫발을 내딛어야 하는 시기가 봄이다. 봄의 새싹들이 쓴맛을 품고 있는 건 그런 '시절의 고통'이 몸에 배어 있기 때문일 것이다.

자연처럼 사람에게도 봄이 있다. 사춘기思春期. 봄을 생각나게 하는 시기다. 씨앗이 싹이 되어 처음으로 세상과 마주하듯 자신의 유아기적 몸을 버리고 사회에 설 수 있는 몸이 만들어지는 시기가 바로 사춘기다. 미완의 가능성과 연약함이 점점 구체적인 현실이 되어가는 시절. 당사자인 십대들은 지금껏 살아온 십수 년의 시간 중 가장 힘겹고 혼란스러운 변화를 겪어야 한다. 가장 큰 변화는 몸과 마음이 이전과 다른 새로운 국면을 맞이한다는 점이다. 하나의 지도가 완성되기 위해서 수많은 길을 오고 가는 시행착오를 겪어야 하듯이, 새로운 몸과 마음의 지도가 완성되는 사춘기 역시 수많은 시행착오 속에서 완성되어간다. 그동안 비교적 균형 있게 진행되던 성장의 패턴이 과도기의 혼란스러운 절차를 밟기 시작하는 것이다.

몸에서는 가장 먼저 호르몬의 변화가 일어나기 시작한다. 곳곳에 여드름과 털이 늘어나고, 목소리가 바뀌기 시작한다. 그러면 동시에 마음에도 그런 염증들과 그늘이 생기기 시작한다. 굵어진 목소리만큼이나 낯선 마음의 소리가 나기 시작하는 것이다. 뼈가 튼튼해지고 근력이 커져 강한 힘이 생기면, 마음은 그 변화에 적응하기 위해 넘치는 힘을 풀어낼 곳을 찾는다. 그래서 사소한 일에도 분노하며 폭력적인 성향을 띠기 쉽다.

은밀한 공간을 만들고 거기에서 홀로 있고 싶어 하는 것은, 심장이 클 때 일어나는 변화다. 잠이 들어야 뇌가 쉴 수 있듯, 홀로 있는 고요함 속에서 심장이 주관하는 '정신'도 쉬어갈 수 있다. 완벽한 가임의 몸이 되면 저절로 이성에 대한 관심이 많아지고, 이성에게 잘 보이기 위한 과시와 허세가 늘게 된다. 반대로 불안과 공포라는 감정에 민감해져 쉽게 자신을 드러내지 못하게 되기도 한다. 이때의 두려움은 자신의 몸을 함부로 다루지 말라는 본능의 방어 같은 것이다.

심각하게 우울했다가, 갑자기 화를 내기도 하고, 방문을 잠그고 들어가 시시덕거리는 일이 동시에 일어나기도 한다. 이런 급격한 감정의 변화는 내 몸이 열심히 크고 있다는 방증인 동시에 마음이 잘 반응하고 있다는 신호다. 그리고 이 신호가 타인에게 잘 수신되고 이해되어졌을 때 '몸과 마음의 용량'도 제대로 커질 수 있다. 엄마, 아빠, 내 가족뿐만 아니라 낯선 이성, 불우한 타인, 나를 미워하는 사람까지 이해하고 사랑하는 인간으로 성장하게 되는 것이다.

그러나 이 시대의 어른들은 아이들의 몸의 변화가 마음을 함께 변화시킨다는 것에는 집중하지 않는다. 키가 몇 센티미터까지 컸는지, 얼굴이 어떻게 생겼는지에만 관심이 있을 뿐, 마음의 변화를 보는 데는 미숙하다. 몸이 크는 만큼 충분히 우울하고, 화를 내고, 기뻐해야 한다고 말해주지 않는다. 다만 어제까지 말 잘 듣던 아이가 갑자기 왜 저렇게 거칠게 변하는지 이해할 수 없을 뿐이다. 성장하는 데 필요한 '당연한 과정'이 이상하고 철없는 '반항'으로 보이는 것이다.

결국 가장 가까운 부모에게조차 이해받지 못한 아이는 마음의 성장을 멈춘 채 엇나가기 시작한다. 게다가 우리나라의 입시 위주 교육은 아이들의 몸을 책상 앞에 가두어 놓는다. 스무 살에 확실한 '성과'를 바라는 어른들은 기다려줄 시간이 없다. 아이를 방에서 억지로 끌어내 학원에 보내고, 책상 앞에 앉혀 옴짝달싹 못하게 한다. 이는 마치 성장하는 몸과 마음을 감옥에 가두는 것과 같다.

한창 커야 할 에너지를 크지 못하게 막으면 그에 합당한 '몸의 투쟁'이 일어난다. 몸의 입장에서는 어떻게든 쌓여가는 기운을 내보내야 하기에 틈이 보이는 곳이라면 언제라도 폭발적으로 기운을 쏟아내버린다. 자신도 제어할 수 없는, 거칠고 비약적인 방식으로 감정이 표출되는 것이다. 그렇게라도 꽉 막힌 에너지를 방출해야 자랄 수 있기 때문이다.

그럴 때, 몸이 보내는 신호를 알아채 아이를 이해해주면 좋을 텐데, 대부분의 부모들은 그 발버둥치는 몸을 힘으로 누르고 묶어버린다. 가뜩이나 힘겨운 성장통을 겪는 아이에게 '나쁜 놈'이라는 딱지까지 붙인다. 이 때문에 사춘기의 반항은 투쟁을 넘어 일종의 폭동이 되어버린다. 아들과 아버지가 몸으로 부딪치고, 입에 담지 못할 말을 던지고, 아이가 가출해버리는 집들이 적지 않다. 부모에게나 아이에게나 참으로 힘든 봄인 것이다.

푸른 새싹만을 보게 되는 봄에 땅은 보이지 않는 곳에서 점점 깊고 넓게 자라는 뿌리와 마주해야 한다. 커진 만큼 더 많은 수분과 영양을 가져가면서도 새싹은 오직 하늘만을 바라보며 위로 성장해 나간다. 사춘기의 성장도 이와 다르지 않다. 아이들은 자신만의 하늘을 향해 점점 멀리 홀로 나가려고 한다. 자신의 가장 깊은 곳에서 단단하게 자신을 잡고 있는 부모의 품을 미처 되돌아보지 못한다.

하지만 이런 모습을 서운하고 속상한 일로만 여겨서는 안 된다. 넓게 커가는 뿌리가 깊은 곳에서 흙을 잡아줄 때, 흩어지고 부서지지 않는 견고한 땅이 만들어지기 때문이다. 땅이 갈라지듯 아이를 품었던 마음이 파헤쳐져야 아이는 자신의 모습으로 커나갈 수 있고, 그렇게 아이가 커나가야 부모의 마음도 단단하게 성장할 수 있다. 그러니 사춘기는 아이 홀로 성장해가는 시간이 아니라 그 아이를 통해 부모도 함께 성장하는 시기다.

모두가 자신의 몸과 마음을 탈바꿈하는 사춘기는 절규가 터져 나오는 시기다. 틀을 바꾸기 위한 아이의 속삭임과 함성은 들어주는 사람이 있을 때 비로소 아이를 성장시키는 언어가 될 수 있다. 그러니 들리지 않는다고, 시끄럽다고 서둘러 귀를 닫아서는 안 된다. 우리 자신도 그런 관심과 배려 속에서 사회에 생존할 수 있는 힘을 가질 수 있었다. 인생의 봄은 그렇듯 힘겨운 과정을 거쳐야 빛나는 여름을 맞이할 수 있는 것이다.

십대 시절에 사춘기가 있다면, 중년에는 가을을 생각해야 하는 시기, 사추기思秋期가 온다. 아름답지만 혼란스러운 봄과 뜨거운 여름을 지나 가을로 접어드는 시절이 오면 나무는 잎을 떨어뜨리고 열매를 맺으며 땅으로 돌아갈 준비를 한다. 나무가 무슨 대단한 희생정신을 가져서 스스로 잎을 떨어뜨리는 것은 아니다. 추위에 수도관이 파열되듯, 떨어지는 기온에도 마음껏 물을 끌어올리면 자신의 몸이 상한다는 것을 알고 있기 때문이다. 그러니 잎을 떨구고 몸을 움츠려 스스로 성장을 멈춘다. 자신의 잎을 내줘도 그 뿌리가 살면 결국 다시 살아날 수 있음을 알고 있는 것이다.

인간의 가을도 마찬가지다. 성장의 최고점을 찍은 몸은 점차 힘을 잃어간다. 몸의 속도가 느려지는 만큼 세상의 시간은 빠르게 흘러가고 탄력을 잃어가는 몸은 서서히 주름으로 덮여간다. 나무가 겨울을 준비하듯 사람의 몸도 자신의 겨울을 준비하는 것이다. 이때도 사춘기 못지않은 혹독한 몸과 마음의 변화가 찾아온다.

남성은 점점 여성적이고 감성적으로 변해 눈물이 많아진다. 여성은 남성적으로 변화하고 폐경에 따른 심리적인 불안과 상실감을 겪게 된다. 어른이지만 아이처럼 두려움이 많아지고 쉽게 상처받으며 이런저런 생각이 많아진다. 더군다나 사회는 자연이 가을을 대하듯 사람의 사추기를 겸허히 지켜봐주지 않는다. 내 잎을 내어주면 승냥이떼처럼 몰려와 내 기둥과 뿌리까지 파내려고 한다. 뒤처지면 버려질 뿐이고, 그곳에는 젊고 싱싱한 다른 묘목이 심어지기 마련이다.

그러니 많은 중년들이 다시 인생의 여름으로 돌아가기 위해 막대한 시간과 돈을 소비한다. 이제는 소중히 갈무리해야 할 '남은 열기'를 젊었을 때처럼 거침없이 발산하며 또다시 젊은 청춘들과 경쟁하고 그 속에서 이기기 위해 고군분투한다. 살아남기 위해, 마지막 한 톨까지 자신의 에너지를 발산하며 깊은 탈진 속으로 빠져 들고 만다. 몸은 자연의 가을을 기억하고 준비를 시작하지만, 현실의 나는 몸이 준비하는 가을을 맞이할 수 없는 것이다.

그리고 이런 몸과 마음의 부조화는 사춘기 아이들의 '몸의 투쟁'처럼 중년의 어른에게도 심각한 부작용을 일으키기 시작한다. 어렸을 때와 같은 일탈이나 반항, 무모한 도전이 아니라 뇌출혈과 심장병, 암과 같은 치명적인 질병들로 자신의 상태를 드러내는 것이다. 야근을 하다가, 출근길의 차 안에서, 우연히 받게 된 병원의 검진에서, 그들은 무너져 내리고 있거나 곧 무너질 것임을 알게 된다. 인생의 가을이 풍성한 추수의 계절이 아니라 모진 살육의 계절이 되는 것이다.

이런 몸의 투쟁을 막기 위해서라도 우리는 자신을 조금 더 너그럽게 바라봐줘야 한다. 어디선가 몸과 마음이 힘들어 하는 소리가 들릴 때마다 외면하거나 남과 비교하지 말고 스스로를 안아줘야 한다. 그렇게 꼭 안아줄 수 있을 때, 비로소 사추기는 하얀 가을인 '백추白秋'가 될 수 있다. 가을을 흰색의 계절이라 말하는 이유는, 가을이 가진 끌어안는 성질 때문이다.

찬란하게 발산하던 에너지들이 무성한 여름을 만들었다면, 그 산란하는 에너지를 한곳으로 모으는 힘은 가을을 만든다. 여러 가지 색의 빛을 하나로 모으면 투명한 흰색의 빛이 되듯, 밝고 투명한 가을의 에너지가 열매를 맺게 하고 곡식을 익게 하는 것이다. 실제로 중년이 되면 사람의 뇌 속에서도 이런 수렴현상이 일어난다. 《가장 뛰어난 중년의 뇌》라는 책을 쓴 바바라 스트로치는 다양한 정보들을 종합적으로 판단해 가장 뛰어난 결정을 내릴 수 있는 시기가 중년이라고 말한다. 이때가 되어야 자신이 그동안 해왔던 경험과 지식, 감성을 통합해서 사용할 수 있다는 것이다.

그리고 이때가 되어야 비로소 내가 아닌 타인을 어루만지고 공감할 수 있는 마음도 움트게 된다. 세상의 모든 투명한 것들이 그렇듯이, 내가 아닌 타인의 색을 내 몸속에 담아내기 시작하는 것이다. 나이가 들수록 가족을 돌아보게 되고 자신이 돌보고 길러야 할 불우한 이웃을 찾게 되는 건 이 때문이다. 젊은 자식들의 뜨거운 열기를 안아주고, 길을 찾는 누군가의 희망이 되어줄 수 있는 것은 중년의 가장 자연스러운 모습이기도 하다. 가족을 부양하기 위해 거칠고 낯선 일을 해야 하는 힘든 일상 속에서도 혹은 어깨를 짓누르는 책임감과 두려움 속에서도, 그런 뛰어난 중년의 가능성을 잊지 않는다면 우리는 그 안에서 좀 더 자유롭게 자신을 놓아줄 수 있을 것이다.

가을에 피는 꽃들은 열매를 맺지 못한다. 그럼에도 가을에 꽃이 피는 이유는 그 계절을 함께 살아야 하는 누군가의 먹이가 되어주기 위해서다. 먹이가 된다고 해서 억울해할 일은 아니다. 벌레들은 꽃의 화분을 먼 곳까지 날라주고, 다시 땅의 양분이 되어 나를 살리는 생명의 선순환을 만들어주기 때문이다. 그렇게 가을의 꽃들은 지천에 피어 있는 다른 열매들과 어울려 아름다운 가을의 장관을 만들어낸다. 그러니 비록 지금껏 살아온 중년의 결실들이 봄의 꽃들처럼 화려하지 않을지라도, 자신의 삶이라는 큰 그림 속에서 얼마나 가치 있고 아름다운지를 잊지 않았으면 좋겠다. 그런 자연의 풍경을 기억한다면 중년의 사추기는 더 이상 홀로 걸어야 하는 길만은 아닐 것이다.

'씨알이 움튼다'는 '알움'과 '풍성하게 많다'라는 '한아름'이 아름다움이라는 말 속에 함께하듯이, 싹이 움트기 시작하는 봄도, 열매를 거둬들이는 가을도, 모두 아름다움 속에 함께 하고 있다. 젊음의 시절도, 늙음의 시절도, 그 아름다움 속에서 언제나 함께 울리고 있는 것이다.

땅이 갈라지듯 아이를 품었던 마음이 파헤쳐져야
아이는 자신의 모습으로 커나갈 수 있고,
그렇게 아이가 커나가야 부모의 마음도 단단하게 성장할 수 있다.
그러니 사춘기는 아이 홀로 성장해가는 시간이 아니라
그 아이를 통해 부모도 함께 성장하는 시기다.

죽음은 또 다른 삶을 선물한다

우리는 세상에 나오는 순간
우주의 탯줄과 연결된 또 다른 태아가 된다.
세상이라는 뱃속은
죽음에서 삶으로 나가는
긴 호흡의 짧은 흔적이다.

조용히 지켜보고 있으면 세상의 여러 현상들은 마지막 맺음을 할 때 가끔씩 특이한 패턴을 보여줄 때가 있다. 기존의 방향과 반대 방향으로 움직이는 것이다. 어떤 꽃들은 오른 방향으로 줄기의 잎을 피우다가 줄기 끝의 꽃잎들은 그 반대인 왼 방향으로 회전하며 자리를 잡는다. 인체의 장기 중 가장 긴 장腸은 오른쪽으로 꼬여 있지만, 몸의 기운이 맺히는 머리의 가마는 90% 이상이 왼 방향으로 돈다. 늘 그런 것은 아니지만 욕조의 물이 빠질 때도 그럴 때가 있다. 전향력을 따라 혹은 배관의 모양을 따라 한 방향으로 소용돌이치며 빠지던 물이 마지막 순간에 갑자기 방향을 바꾸며 배수의 끝을 맺는 것이다. 400미터 트랙을 수십 바퀴 돌아야 하는 육상 장거리 선수들 중에도 연습 중 마지막 한 바퀴는 자신이 돌았던 방향과 반대로 도는 선수들이 있다. 그렇게 해야 뭔가 균형이 잡히는 느낌이 들기 때문이다.

한 사람의 생이 끝나는 지점에서도 이와 유사한 일들이 일어날 때가 있다. 반대로 돈다는 것은 곧 '되돌아본다'는 것이다. 그러면 마치 꼭 잠가 놓았던 병뚜껑이 열리듯 봉인돼 있던 내면의 모습들이 어딘가에서 나오기 시작한다. 잊지 못할 사랑을 가슴 깊이 묻었던 사람은 그 사랑을 다시 꺼내어 그리워하기도 하고, 평생 감추어두었던 잘못이 있는 사람이라면 누구든 붙잡고 자신의 죄를 고백하고 싶어질 수도 있다. 드러내지 못했던 미안함이나 감사함이 있었다면 자신도 모르게 그 마음을 전하고 있는 자신을 발견하게 될 것이다.

집을 나서기 전에 어질러진 방을 정리하고 불을 끄고 문이 모두 닫혀 있는지를 확인하는 것처럼, 자신이 펼쳐놓은 것들을 되돌아보는 것이다. 그리고 그 돌아보는 어느 한순간에는 찰나처럼 내 죽음을 암시하는 모습들이 지나가기도 한다.

오랫동안 수행을 한 이들 중에는 그 찰나의 순간을 천천히 읽어내며 자신의 죽음을 정확히 예견하는 분들이 있다. 전강 스님이 바로 그런

분이셨다.

용화사의 전강 스님이라는 고승은 하루에 4시간 정도의 수면 외에는 늘 좌선을 하며 칠십 평생 수행을 게을리하지 않았다. 그러던 어느 겨울날, 평소처럼 점심을 먹고 방으로 들어간 스님이 조용히 시중을 들던 스님에게 말했다.

"나, 오늘 가야겠다…."

심상치 않은 기운을 느낀 스님은 경내의 스님들과 신도들을 불러 모았다. 사람들이 모두 모이자 전강 스님은 방 안을 둘러보며 질문을 던졌다.

"무엇이 '삶과 죽음生死'의 큰일인가?"

누구도 대답하지 못했다. 전강 스님이 조용히 입을 열었다.

"구구는 번성飜成 팔십일(거꾸로 해도 구구는 팔십일)이니, 나 이제 가야겠다."

그 말을 마지막으로 스님은 앉은 채로 생을 떠나셨다.

세속을 떠난 수행인은 아니지만 세속에서 자신의 직업을 종교 삼아 장인의 경지에 이르는 사람들이 있다. 그들의 죽음은 자신이 한평생 모든 걸 쏟아부었던 '직업' 속에서 예견되기도 한다. 화가가 자신의 마지막 그림에 죽음을 암시하는 상징들을 그려 넣고, 백발의 배우가 관객이 떠난 불 꺼진 무대를 조용히 둘러보듯 죽음은 그들의 손때 묻은 흔적 속에서 찾아오는 것이다.

그런 장인 중에 최요삼이라는 권투선수가 있었다. 163센티미터의 작은 체구로 세계 챔피언 타이틀을 따낸 권투의 달인이었다. 열세의 신체조건을 극복하기 위해 남들이 100번이면 끝내는 연습을 300번을 해가며 기어이 상대를 이기고야 말았다. 독신이었던 그는 늘 가족들을 먼저 생각했다. 우승상금으로 가장 먼저 부모님께 집을 사주고, 누나의 가전제품들을 바꾸어주었다. 시합이 끝나면 언제나 조카들에게 책이며 신발 같은 선물을 사주곤 했다.

은퇴를 하고 잠시 방황의 시기를 거친 그는 2007년 다시 권투를 하기로 마음먹고 재기를 준비했다. 그런데 이번 시합에는 뭔가 달랐다. 시합을 하기도 전에 미리 가족들을 찾아가 선물을 나눠주며 인사를 했다. 이전과는 달리 전혀 긴장하지도 않았다. 링에 올라가기 전에는 처음으로 동생에게 이런 말도 했다.

"우리 이제는 부끄럽게 살지 말자."

이 모든 것이 앞으로의 일을 알리는 신호였을까? 그는 시합종료를 10초 남기고 치명상을 입어 뇌사상태에 빠지고 말았다. 결국 그는 6명의 환자에게 장기를 기증하고 자신이 사랑했던 링의 품속에서 세상을 떠났다.

수행자나 장인이 아닌 평범한 우리에게 죽음이 먼저 말을 걸어오기도 한다. 그동안 끊었던 술상을 내오게 하거나, 아무 날도 아닌데 방앗간에서 평소 좋아하던 떡을 주문해 배를 채우기도 한다. 좋아했고 하고 싶었지만 하지 못하고 잊었던 일들을 우연처럼 하면서 삶은 조용히 마지막 매듭을 짓는다.

내가 사는 동네에는 폐지를 주워 생계를 유지하는 할머니 한 분이 있었다. 짧게 자른 백발의 머리에 거칠게 주름진 얼굴, 구부정한 허리로 새벽부터 밤늦게까지 동네를 돌아다니면서 종이를 줍고 다녔다. 사람들은 그 할머니에게 별로 신경을 쓰지 않았지만 세탁소 아저씨만은 종이를 모아놓고 할머니를 기다리곤 했다. 날씨가 추운 날에는 커피를 타드리기도 하고 잠시 쉬어갈 때는 말벗이 되기도 했다. 어머니를 일찍 여의었던 세탁소 아저씨는 그 할머니에게 유독 신경을 쓰셨다. 그러던 어느 날, 할머니가 검은색 비닐봉지를 들고 세탁소를 찾았다. 그날따라 단정한 머리에 깨끗한 옷차림이었다. 할머니는 말없이 아저씨에게 검은 봉지를 내밀었다.

"이거 내가 쇠고기 반 근 떠온 거요. 그동안 고맙기도 하고 그래서…."

거절할 틈도 없이 할머니는 아저씨의 손에 비닐봉지를 쥐어주고 종종걸음으로 사라졌다. 아저씨는 그것이 할머니의 마지막일 줄은 꿈에도 몰랐다. 다음 날, 할머니는 잠자듯 세상을 떠났다고 했다.

깨달음의 경지에 이른 큰스님에게는 도반을 위한 마지막 법문을, 자신의 몸을 극한으로 밀어붙였던 운동선수에게는 사랑했던 가족들에게 인사할 기회를, 고단한 삶을 살았던 노인에게는 자신의 고마움을 표현할 기회를 주었던 그것. 그렇게 마지막으로 자신을 되돌아보게 했던 우연을 나는 직관이 우리에게 주는 마지막 선물이라고 생각한다. 직관은 우리에게 죽음의 순간이 오고 있음을 말하며 삶을 마무리할 수 있는 기회를 준다.

언젠가 사는 게 너무 힘들다는 생각이 들어 선생님에게 죽음에 대해 심각하게 물어본 적이 있었다. 선생님은 말했다.

"자네를 처음 만났을 때 이런 말을 했었지. 아픈 사람들은 나에게 풀어야 할 숙제 같은 거라고. 삶과 죽음도 마찬가지지. 삶도 내가 풀어야 할 숙제 같은 거야. 잘 풀어내면 죽음은 상이 될 테고, 잘 풀지 못하면 그 문제를 낸 사람에게 혼이 나야겠지. 그것도 아주 큰 혼이."

그 말을 듣고 '이 지겨운 숙제는 죽을 때까지 해야 하는 거구나.'라고 생각하며 피식 웃었던 기억이 있다.

책가방 속에 풀어야 할 숙제를 들고 다니는 학생처럼 우리는 누구나 죽음을 곁에 두고 살아간다. 그것은 이제 막 삶을 시작한 태아들도 예외는 아니다. 태아가 살고 있는 엄마의 뱃속은 늘 분주하고 시끄럽다. 음식을 소화시키기 위해 움직이는 장의 운동과 심장이 뛰는 소리, 말소리, 세상의 분주함, 호흡이 들어왔다 나가는 움직임들이 뱃속을 가득 채우고 있다. 이 소리들이 가장 잠잠해지는 시간은 새벽 2~4시 사이다. 엄마가 깊은 잠에 빠진 이 시간에 태아의 세상도 가장 고요해진다. 그리고 적막감이 감도는 이때에 아무도 예상하지 못한 '태아자살'이 일어난다.

뱃속 아기들 중에는 원인을 알 수 없는 이유로 죽음에 이르는 경우가 종종 있다고 한다. 그들은 대부분 탯줄을 목에 감은 채 죽음을 맞이하는데, 의사들은 이를 '태아자살'이라고 부른다.

이 원인 모를 사고에 대해 많은 학자들이 연구를 시작했다. 꺼내서 상태를 확인할 수도 없고, 심리상담을 할 수도 없는 태아이기에 확실한 이유를 찾기는 힘들었다. 하지만 한 가지 단서를 발견할 수는 있었다. 새벽 시간에 엄마를 깨어 있게 하는 것만으로도 태아의 자살률이 급감했다는 실험결과였다.

새벽은 우리에게 한없이 평화롭고 고요한 시간일 뿐이다. 하지만 태아에게는 배가 고프고 산소가 부족해도, 엄마의 따뜻한 목소리와 손길이 필요해도, 아무도 응답해주지 않는 시간일 수도 있다. 만약 태아가 엄마와 함께 잠들지 못했다면, 그 시간은 소음보다 무서운 침묵의 시간이 될 수도 있었을 것이다. 그 두려움의 시간이 반복될 때 아이는 불가항력의 상황에 대한 공포와 무기력을 느끼며 생을 포기해버리는 것이 아닐까? 그래서 임부가 깨어 있는 것만으로도, 자신이 누군가와 함께 있다는 소음만으로도 태아는 삶을 포기하지 않을 힘을 얻을 수 있었을 것이다.

우리도 그런 태아와 별반 다르지 않다. 내 주위에 아무도 없다는 적막감, 내 말을 들어줄 사람도, 나에게 자신의 이야기를 들려주는 사람도 없는 고립무원의 상태가 지속될 때 삶은 무기력하고 쓸모없는 것으로 여겨질 수 있다. 이럴 때 우리에게도 잠을 자지 않고 배를 쓰다듬어줄 엄마 같은 누군가가 필요하다. 그런 사람이 내 주위에 혹은 내 가족 중에 있다면 좋겠지만 먹고살고 경쟁하기에 바쁜 우리는 사람들과 깊이 소통할 수 있는 여유와 시간이 부족하다. 말을 걸어주고 배를 쓰다듬어 주는 일만으로도 본능의 생은 행복해질 수 있지만 그것조차 허락되지 않는 것이다.

그렇다고 그곳에서 멈춰 설 필요는 없다. 그럴 때는, 그렇게 아무도 없는 적막감에 사무칠 때는, 눈을 감고 태양을 보며 내가 딛고 있는 땅과 이고 있는 하늘을 느껴보면 된다. 혹은 허리를 숙여 제자리에서 빙글빙글 돌아보는 것도 괜찮다. 그러면 술을 먹지 않아도, 괴롭지 않아도, 태양을 향해 우주를 돌고 있는 나의 모습이 어지럽게 느껴지기 시작할 것이다.

내 주위를 느끼려는 작은 관심들이 언젠가는 당신의 직관을 깨우고, 거대한 우주 속에서 당신이 혼자가 아님을 느끼게 해줄 마중물이 될 것이다. 그때가 되면 내가 무심한 사이에도 변함없이 나에게 말을 걸고 있는 공간의 소리들이 당신의 적막을 위로해줄 수도 있다.

침묵의 두려움을 이겨낸 아이들은 열 달의 시간을 채우고 마침내 탄생의 순간을 맞이한다. 아기에게도 출산은 임부만큼이나 두렵고 고통스러운 시간이다. 그동안 자신을 보호해주던 양수는 소용돌이치며 빠져나가고, 자궁의 근육들은 자신을 압박하며 밀어내기 시작한다. 이때, 아기의 아드레날린 수치는 심장마비가 닥친 사람보다도 더 높이 올라간다. 엄마의 자궁 문이 열리면 자신에게 익숙했던 어둠이 아닌 빛이 느껴지기 시작하고, 곧 자신의 생명이었던 탯줄이 잘리고 있음을 알게 될 것이다.

아마도 태아는 탯줄이 잘리는 순간 죽음의 공포를 느꼈을 것이다. 모든 생명은 그런 죽음의 경험 후에야 자신이 스스로 더 깊고 큰 호흡을 할 수 있는 존재라는 것을 알게 된다. 뱃속에서의 힘든 여정을 참지 못한 채 스스로 목숨을 끊었다면 나올 수 없었던 세상. 그렇게 죽음 이후의 삶이 시작되는 곳이 우리가 살고 있는 세상이다.

어쩌면 인간의 '죽음'이라는 것도 이와 같을지 모른다. 우리는 세상에 나오는 순간 우주의 탯줄과 연결된 또 다른 태아가 될 수도 있다. 우리를 감싸줄 엄마의 뱃속은 우리가 살고 있는 세상이 되고, 우리를 숨 쉬게 하고 먹여줄 엄마의 양수와 양분은 세상을 가득 채운 공기와 물과 온갖 생물이 된다. 엄마의 뱃속에서 태아의 삶이 시작과 끝을 맺듯, 세상이라는 뱃속에서 우리의 삶은 시작되고 끝을 맺는다. 그렇게 태아가 정해진 달수를 채우고 또 다른 세상에 나오듯 우리도 우리의 예정된 시간을 채우면 세상 밖의 또 다른 세상을 향해 삶의 문을 열고 나가게 될 것이다.

당신이 혼자라고 생각하는 죽음의 순간에, 우리의 부모가 그러했듯 당신의 또 다른 세상 역시 따뜻한 품으로 당신을 기다리고 있을 것이다. 우리가 짊어졌던 삶의 숙제가 모두 끝났을 때, 죽음은 우주에서의 또 다른 삶이라는 선물을 우리에게 주는 것이다.

깨달음의 경지에 이른 큰스님에게는 도반을 위한 마지막 법문을,
자신의 몸을 극한으로 밀어붙였던 운동선수에게는
사랑했던 가족들에게 인사할 기회를.
고단한 삶을 살았던 노인에게는
자신의 고마움을 표현할 기회를 주었던 그것.
그렇게 마지막으로 자신을 되돌아보게 했던 우연을
나는 직관이 우리에게 주는 마지막 선물이라고 생각한다.
직관은 우리에게 죽음의 순간이 오고 있음을 말하며
삶을 마무리할 수 있는 기회를 준다.

홀로 있는 시간에도 당신은 혼자가 아니다

얼마 전, TV에 한 노총각 방송인이 나와 결혼하지 않는 이유에 대해
진지한 표정으로 이렇게 말한 적이 있다.

"잘 살아도 어차피 죽으면 헤어져야 하는데 뭐하러 힘들게 만나서
결혼까지 해야 합니까? 사람은 늘 혼자일 수밖에 없잖아요. 외로울 거
면 혼자 외로운 게 나을 거 같아요."

그의 인터뷰는 곧 인터넷 기사로 나왔고 기사 밑에는 순식간에 수백
개의 댓글이 달렸다.

대부분 그 말에 너무나 공감한다는 내용이었다. 생각보다 허무주의는 우리들의 삶에 깊이 뿌리박혀 있었다. 삶에 대해 가치를 느끼지 못하고 죽음에 대해 너무 쉽게 생각하는 것이다. 죽으면 모든 것이 끝난다고 믿기 때문이다.

하지만 다른 한편으로는 그가 자신의 삶이 아닌 다른 누군가의 고민과 아픔 앞에서도 "당신의 삶은 허무한 것일 뿐이에요. 결혼을 안 했다면 잘한 일이고, 고민 같은 거 하기 전에 살 가치가 있는지부터 생각해보세요."라고 충고할 수 있을지 의문이 들었다. 가끔 어떤 문제에 대해서 사람들은 지나칠 정도로 자신에게만 엄격한 잣대를 들이밀곤 한다. 저 노총각도 그런 거겠지.

그렇게 지나치려다가 문득 저 사람도 누군가에게 진정으로 사랑받았던 사람이었고, 누군가를 진정으로 사랑했던 사람이었을 거라는 생각이 들었다. 깊은 사랑을 해본 사람은 알 것이다. 그 사랑은 시간이 지나도 나를 지나쳐 어딘가로 가버리지 않는다는 사실을. 내 손 끝에서, 내 마음속에서, 몸 이곳저곳에 문신처럼 남게 된다는 것을. 그럼에도 현실이 얼마나 숨 막히고 힘들었으면 모든 걸 잊은 듯 저렇게 아무것도 없는 듯 말할 수 있을까. 아프게 새겼을 문신들을 애써 가리며 웃고 있는 그의 얼굴이, 그의 말에 공감하는 수많은 댓글들이 가슴 아팠다.

그가 나와 가까운 사람이었다면, 서로 애기를 주고받을 수 있는 사람이었다면, 어떤 말을 해줘야 할까. 무엇보다도 먼저 당신이 홀로 있는 시간에도 당신은 혼자가 아니라는 말을 해주고 싶었다. 우리가 살고 있는 이곳은 서로가 서로에게 연결되어 있는 곳이라고. 그렇게 시작된 긴 이야기가 어느덧 지금 쓰고 있는 이 책이 되어버렸다.

이 글에 나오는 선생님은 소중한 나의 가족이고 스승님이다. 이제는 귀가 잘 들리지 않아 크게 말해도 내 목소리를 잘 알아듣지 못하시지만, 여전히 밝은 미소와 부드러운 손길로 나를 이끌어주고 계신다. 언젠가 선생님에게도 스승님이 있었는지 물어본 적이 있다. 선생님은 사람이 아닌 자연이 당신의 스승이라고 말씀하셨다. 그때는 그냥 그런 줄 알았다. 그냥 그런 자연들. 나무와 물과 구름 같은. 하지만 이유는 다른 데 있었다.

높은 산이나 깊은 강가에서 파도치는 바다를 보며 위안과 위로를 받았던 경험은 누구에게나 있을 것이다. 혹은 그 앞에서 즐겁고 행복했던 기억도. 언제나 자연이 나에게 해주었던 것은, 말없이 보여주고 말없이 받아주는 것이었다. 내 서러움과 울분, 풀 곳 없던 근심을 바람 한 점 없이 들어주는 일. 그 앞에서 나는 마음 놓고 내 이야기를 꺼낼 수 있었다.

모두가 말하고 있지만 아무도 들어주지 않는 지금 같은 시대에, 이제는 자연처럼 누군가의 삶을 온전히 들어줄 수 있는 사람도 소중한 스승이 될 수 있다고 생각한다. 자연이 나에게 그러했듯, 그리고 선생님이 언제나 나의 말을 들어주었듯. 그것만으로도 위로와 치유는 시작되기 마련이니까.

어두운 밤, 이 글을 쓰고 있는 나에겐 이 글을 읽고 있을 여러분이 나의 부족함을 들어주고 있는 또 다른 '스승'이라는 말을 전해드리고 싶다.

번잡한 버스 안에서, 어깨를 부딪치며 걸었을 거리에서, 우연처럼 만났을 고맙고 감사한 존재들. 그렇게 이 책도 여러분에게 여러분의 말을 들어줄 수 있는 소중한 스승이 되어주었으면 좋겠다.

본문에 수록된 작품명

글 **신기율** 도시 수행자, 직관의 철학자.

어렸을 때부터 아프게 경험해야 했던 죽음과 삶의 경계 속에서 생生의 질문을 스스로에게 던지며 지금껏 그 답을 찾고 있다. 운명적으로 여러 개의 안테나를 가지고 태어난 그는 과학, 종교, 철학 등 다양한 학문을 자유롭게 횡단하며 젊은 시절을 보냈다. 지금은 그 여정 속에서 만난 인연들과 함께 철학적 사유와 몸으로 깨달은 직관의 조화를 추구하고 있다. 삭막한 도시에서 새싹 같은 아이들과 함께하기 위해 '몸 안의 자연'을 만들어가는 수줍고 따뜻한 남자이기도 하다.

그림 **전동화** 서양화 및 설치 작가.

사물과 사람, 우주의 본질을 꿰뚫어 삶을 표현하고, 전통적인 관념이나 시대를 초월해 자유로운 영혼을 화폭에 담고 있다. 미국, 프랑스, 일본, 스페인, 중국, 네덜란드, 몽골, 이집트, 아르헨티나, 도미니카공화국, 인도, 아랍에미리트, 에스토니아, 뉴질랜드 등 전 세계를 무대로 예술의 국경을 넘나들며 다국적 공감대를 확보해 나가고 있다. 일본 타마미술대학과 같은 대학 대학원 미술연구과를 졸업했으며, 1995년부터 국내외 개인전 40회, 뉴욕 아트 엑스포를 비롯해 국내외 초대전에 650여 회 초대된 바 있다.